VIVIANNE CROWLEY
Naturreligion

Buch

Am Ende des 20. Jahrhunderts erlebt die Naturreligion, auch Paganismus genannt, eine Renaissance. Diese neuheidnische Bewegung besinnt sich auf die vorchristliche Religion der Germanen und Kelten, die ganz auf die Verehrung der Natur ausgerichtet war und deren spirituelle Traditionen in den alten Mythen vor dem Vergessen bewahrt wurden.
In ihrer Rückbesinnung auf die Natur und den natürlichen Jahreslauf entspricht die Naturreligion dem Bedürfnis vieler Menschen, wieder im Einklang mit der Schöpfung zu leben. Erläutert werden in dieser Einführung die verschiedenen Zweige der neuheidnischen Bewegung, ihre Götter, Feste und Rituale.

Autorin

Vivianne Crowley, eine promovierte Psychologin, ist heidnische Priesterin und Lehrerin und trat auch durch ihr vielbeachtetes Buch zum Wicca-Kult hervor.

VIVIANNE CROWLEY

NATUR-RELIGION

Was Sie wirklich darüber wissen müssen

Aus dem Englischen
von Rosemarie Kahn-Ackermann

GOLDMANN

Die Originalausgabe erschien unter dem Titel
»Principles of Paganism«
bei Thorsons, London.

Deutsche Erstausgabe

Umwelthinweis:
Alle bedruckten Materialien dieses Taschenbuches
sind chlorfrei und umweltschonend.
Das Papier enthält Recycling-Anteile.

Der Goldmann Verlag ist ein Unternehmen
der Verlagsgruppe Bertelsmann

Deutsche Erstausgabe April 1998
© 1998 der deutschsprachigen Ausgabe
Wilhelm Goldmann Verlag, München
© 1996 der Originalausgabe Vivianne Crowley
Umschlaggestaltung: Design Team München
Umschlagabbildung: Tony Meadows
Druck: Elsnerdruck, Berlin
Verlagsnummer: 14111
Redaktion: Regina Konrad
KF · Herstellung/DTP: Martin Strohkendl
Made in Germany
ISBN 3-442-14111-7

1 3 5 7 9 10 8 6 4 2

Inhalt

Die Rückkehr der Götter 7

1. Paganismus heute 9
2. Pagane Glaubensformen 23
3. Die pagane Gemeinschaft 49
4. Pagane Gottheiten: Schönheit der Vielfalt 71
5. Pagane Feste 105
6. Geheiligte Zeit, geheiligter Ort, geheiligter Raum 127

Anhang 151

Die Rückkehr der Götter

*Wie ein weißer Vogel im Wind
flog das Boot Manannán mac Lirs, Sohn des Meeres,
über die funkelnden Wellen den gesegneten Inseln zu,
die Segel gebläht vom westlichen Wind.
Über ihm lächelte die Göttin der Sonne
voller Wärme herab auf den Freund.
Die Fische im türkisfarbenen Wasser tanzten für ihn,
die Tümmler sprangen über die Wellen, um ihn zu grüßen.
Ein süßer Duft lag im Wind,
nach Apfelblüten im Frühling, dem Morgen der Welt.
Und im Bug des Schiffes saß Lugh, der Langarmige,
und sang zu den Klängen seiner Harfe das Lied der Schöpfung.
Als sie sich den grünen Hügeln Irlands näherten,
Irland, dem geweihten Land,
kamen die Shee aus den Höhlen der Erde, in der sie wohnten,
und tanzten vor Freude unter der Sonne.
Denn verborgen in einem Sack auf dem Boden des Schiffes
lag der Heilige Kelch der Glückseligkeit.
Lang war seine Reise durch fremde und ferne Länder gewesen.
Und alle, die aus diesem Kelch tranken,
träumten die Träume geheiligter Wahrheit
und tranken den Wein des immerwährenden Lebens.
Tief in den Wäldern, auf der grünbewachsenen Lichtung,
wo die purpurne Anemone und die weiße Lichtnelke blühten,
wo noch immer im Schatten der Nordseite die Primel wuchs,
hob ein Hirsch den Kopf und witterte den Morgen.
Sein Geweih, siebenfach gegabelt, wies auf Kämpfe hin,*

heftig ausgefochten und von ihm gewonnen,
rot war sein Fell, von der Farbe des Feuers.
Er war aus dem Wald getreten, seinem Zuhause,
um Lughs Lied zu hören, das der Wind ihm zutrug.
Tief in ihrem Erdhügel
entsann sich die grüngekleidete Göttin von Erin
der Sprache, die sie vergessen hatte,
entsann sich des Geheimnisses ersonnener Zauberworte,
entsann sich der Gezeiten der Frau
und Ebbe und Flut von Meer und Mond,
entsann sich der Völker, die sich anderen Göttern zugewandt.
Und als sie aus dem Hügel trat, in dem sie geschlafen hatte, vereinte
sich ihre süße Stimme mit den Gesängen von Lugh und Manannán.
Der große Hirsch der Morgenfrühe kam zu ihr über die Wiesen,
und wo die Göttin gewesen war, stand nun eine weiße Hindin.
Und die Liebe des Gottes wurde von der Göttin erwidert,
und die Lerchen von Anghus mac Og, die über ihnen schwebten,
ahmten ekstatisch den Gesang der Schöpfung nach.
Angelockt von den süßen Klängen strömten die Menschen herbei,
um zu erforschen, woher sie kämen.
Und Kinder tanzten jubelnd auf den Straßen.
Und sie alle gingen hinab an den Strand,
zum östlichen Ufer, wo die Morgensonne aufging,
und warteten auf die Ankunft Manannáns und Lughs,
während der Mast des Schiffs golden in der Sonne schimmerte.
Das Meer hatte gesprochen,
die Morgendämmerung ihr Geheimnis preisgegeben,
die Götter kamen zurück,
um das Alte zu erwecken,
Freude kehrte wieder ein ins schlafende Land.

I
Paganismus heute

Wir sind die Erben und Verkünder des Paganismus.
Glücklich die, die um seinetwillen
in fester Hoffnung die Bürde der Verfolgung tragen.
Wer sonst hat die Kultur der Welt geschaffen
und ihre Städte gebaut,
wenn nicht die Edlen und Könige unter den Paganen?
Wer sonst hat für die Ordnung
der Häfen und Flußläufe gesorgt?
Und wer sonst hat die verborgene Weisheit gelehrt?
Wem sonst hat sich die Gottheit geoffenbart,
Orakel gespendet und die Zukunft enthüllt,
wenn nicht den Großen unter den Paganen?
Den Paganen wurde all dies kundgetan.
Sie haben die Kunst des Heilens der Seele entdeckt
und auch die der Heilung des Körpers.
Sie haben der Erde feste Regierungsformen beschert
– und Weisheit, das höchste Gut von allem.
Ohne Paganismus wäre die Welt elend und leer.

Thabit ibn Qurra von Harran, Neuntes Jahrhundert

Die Naturreligion, auch treffender »Paganismus« genannt, gehört heute zu den am schnellsten wachsenden spirituellen Bewegungen des Westens. Paganen sind Menschen, die die alten vorchristlichen Gottheiten unserer Vorfahren und Länder verehren. Ursprünglich galt die Bezeichnung denjenigen, die zu den Göttern des *pagus* – auf lateinisch ›Ort‹ – beteten.

Paganismus wurde auch in einer anderen Bedeutung von Christen benutzt, nämlich im Sinne von ›Landbewohner‹. Als ›Heiden‹ (ein Wort germanischen Ursprungs) wurden auch diejenigen bezeichnet, die die nordischen Götter in Europa verehrten. Dem eigentlichen Wortsinn nach sind Heiden die Bewohner der Heide, die die Götter ihres Landes verehrten.

In diesem Text werden die Begriffe ›Paganismus‹, ›Pagane‹ und ›pagan‹ verwendet. Sie sind im Deutschen noch nicht sehr verbreitet, werden jedoch in der letzten Zeit von den Anhängern der neuen Naturreligionen zunehmend benützt. Im hiesigen Sprachgebrauch haben vor allem die Begriffe »Heide« und »Heidentum« einem negativen Beiklang. Außerhalb Europas werden sie häufig als ein Beispiel für die Abwertung der traditionellen Glaubensrichtungen durch den Kolonialismus abgelehnt. In Westafrika ordnen die Anhänger der ursprünglichen Spiritualität des Landes ihren Glauben der afrikanischen Glaubenstradition zu. Im Westen werden auch die Begriffe ›Einheimische Spiritualität‹, ›Keltische Spiritualität‹, ›Europäische Traditionelle Religion‹, ›Alter Glaube‹ und ›Alte Religion‹ verwendet, um die paganen Religionen zu definieren.

Die Paganen der Gegenwart

Die Verehrung altertümlicher Gottheiten mag in unserer modernen Welt seltsam erscheinen. Warum hängen Paganen diesen alten und verstaubten Vorstellungen an? Wir verehren unsere Götter, weil sie keine vergessenen archäologischen Kunsterzeugnisse sind, sondern lebendige Energien von großer Kraft. Sie haben in ihrer äußeren Gestalt überlebt, ihre Statuen wurden aus den alten Tempeln geborgen und befinden sich heute in über die ganze Welt verstreuten Museen – nun eher in Tempeln der Gelehrsamkeit als der Religion. Aber, noch wichtiger, sie haben in der Erinnerung der Menschheit überdauert, im kollektiven Unbewußten, diesem Speicher all unserer religiösen Sehnsüchte und Erfahrungen.

Die Religion des Paganismus basiert auf Lehren, die über Jahrtausende hinweg in Mythen und Sagen von Generation zu Generation weitergegeben wurden. Der Paganismus ist nie erloschen. Aber unsere alten paganen Glaubensformen wurden lediglich als Mythen oder Märchen betrachtet, als Geschichten, die uns auf dem Schoß unserer Mütter oder in der Schule erzählt wurden und die für die heutige Zeit ohne Relevanz waren. Die Tatsache, daß wir diese Mythen bewahren und weitererzählen, zeigt, daß sie eben doch von Relevanz sind. Über unendlich viele Generationen hinweg wurden sie mündlich weitergegeben. Sie wurden zu den Klängen der griechischen Lyra über die funkelnden Gewässer der Ägäis hinweg gesungen und von norwegischen Barden ihren Met trinkenden Lehnsherren vor den rauchenden Feuerstellen der Versammlungsräume vorgetragen. Eloquente, irische Barden rezitierten sie mit solcher Überzeugungskraft, daß sie gegen jede Gewalttätigkeit und jedes Leid gefeit waren und sich unverletzt in jeglichem Schlachtengetümmel fortbewegen konnten.

Die Mythen haben überlebt, weil sie zu uns in der Sprache der Nacht, des Traums, der Symbole und der Allegorien sprechen. Sie üben einen Reiz auf das Unbewußte aus, weil wir sie nicht völlig verstehen können; und doch wissen wir, daß sich hinter ihrer Symbolik unauslöschliche Wahrheiten verbergen. Sie wirken wie Sand in der Austernschale. Unser Inneres beschäftigt sich mit ihnen, oft außerhalb unserer bewußten Wahrnehmung. Sie leben fort und bestehen noch, wenn andere Erzählungen vergessen sind. Sie tauchen in der Fantasy- und Science-fiction-Literatur wieder auf, die millionenfach verkauft wird. Und wie die Sandkörner in der Austernschale bringen sie schließlich eine Perle von größtem Wert hervor – die Perle der Weisheit.

Mythen sind wichtig, weil sie das spirituelle Wissen nicht nur eines Individuums, sondern das ganzer Völker über große Zeiträume hinweg enthalten. Sie sind nicht die religiöse Offenbarung eines einzigen Menschen, die so lange bearbeitet und umgestaltet wurde, bis sie sich so weit vom Original entfernt hat, daß alle Wahrheit verlorengegangen ist. Sie sind die lebendigen, atmenden Träume der Götter, dafür geschaffen, uns den Weg zu unserer wahren Bestimmung zu zeigen – nämlich der, wieder in Einheit und Harmonie mit den göttlichen Mächten von Himmel und Erde zu leben.

Pagane Religion umgibt uns alle: in der durch Generationen vor uns zu geheiligten Hügeln und hoch aufragenden Steinen, zu geweihtem Totengrund und heiligen Bergen geformten Landschaft – Orten, die von allen Generationen aufgesucht wurden, um den Göttern ihres Volkes und ihres Landes zu huldigen. Es ist eine Religion, die in Volksliedern und -tänzen und in jahreszeitlich bedingten Bräuchen erhalten geblieben ist.

Während wir uns dem neuen Jahrtausend nähern, erleben wir eine Wiedergeburt alter spiritueller Traditionen. Die alten Götter und Göttinnen haben eine Weile geschlafen und erwachen nun wieder. Paganismus wird aufs neue in ganz Europa, Nordamerika, Australien und Neuseeland praktiziert. In Island ist er eine offiziell anerkannte Religion. Nicht nur europäische traditionelle Riten werden wieder aufgenommen. Überall auf der Welt lehnen Menschen die neueren Religionen ab und wenden sich wieder der Weisheit ihrer Vorfahren zu.

Einige Paganen verehren die Götter ihrer Vorfahren oder die des Landes, in dem sie leben. Angesichts des gewaltigen Umfangs der Völkervermischung innerhalb der letzten zwei- bis dreihundert Jahre ändert sich das möglicherweise. Wir stellen vielleicht fest, daß wir uns innerlich von einer Gottheit angesprochen fühlen, die nicht die unseres Landes ist oder unserem rassischen Erbe entspricht. In der ganzen Welt fühlen sich Menschen von den ägyptischen Gottheiten angezogen. Manche Paganen haben eine Reihe von verschiedenen religiösen Traditionen übernommen. Sie verehren zum Beispiel die Große Muttergöttin und sehen all die verschiedenen Formen, in der sie auf der Welt wahrgenommen wird, als Aspekte einer einzigen Gottheit. Andere wiederum bezeugen hauptsächlich Odin oder Cernunnos ihre Verehrung.

Manche Anhänger der paganen Götter bezeichnen sich selbst einfach als Paganen, Heiden, Göttinnenverehrer oder Angehörige der ›Alten Religion‹. Andere folgen bestimmten Traditionen innerhalb des Paganismus. Eine der bekanntesten ist das Druidentum. Die Druiden waren die Priester der Kelten und zudem große Dichter und Heiler. Es gibt viele Gruppen, die die damaligen Fähigkeiten der Druiden erforschen und ihre Götter verehren. Andere bezeichnen sich als »Odinisten«, »Odins Gefolge« oder »Asatru«, Anhänger der Hohen Götter Nordeuropas, deren oberster Odin ist. Wieder andere sagen, sie seien Anhänger der Weisheits- oder Hexenkunst. Dabei handelt es sich nicht um die Hexenkunst Schwarzer Messen oder der Teufelsanbetung, sondern um echtes Wissen, das seinen Ursprung in ihrem jeweiligen Land hat. Es ist eine Kunst des Heilens und der Segnung, mit der die Götter geehrt, Magie, Heilkraft und Hellsicht praktiziert werden – diese latenten psychischen Fähigkeiten in uns allen, die während der letzten Jahrhunderte nach Möglichkeit unterdrückt wurden. Die Anhänger der Wicca-Bewegung (siehe Seite 63f.) verehren die Große Muttergöttin und den Gehörnten Gott, beziehen aber auch Anregungen aus den Mysterien-Schulen des Altertums, in denen unseren Vorfahren der Weg zur Selbsterkenntnis und der Erkenntnis der Götter gelehrt wurde. Wieder andere Paganen wenden sich den Mysterien der antiken Griechen oder denen des Mithras, des Sonnengottes der römischen Krieger zu. In Nordamerika fühlen sich viele Menschen von der Spiritualität der Ureinwohner inspiriert, vielleicht deshalb, weil sie entsprechende Ahnen haben und das Bedürfnis verspüren, deren Erbe wieder anzutreten, oder auch, weil diese Spiritualität in dem Land verwurzelt ist, in das ihre Vorfahren emigriert waren. Obwohl die Formen, in denen die Götter verehrt werden, variieren, besteht doch genügend Gemeinsamkeit zwischen den verschiedenen Strömungen, um sich als Teil der immer stärker werdenden spirituellen Bewegung des Paganismus zu definieren.

Wiedergeburt des Paganismus

Wie kommen Menschen zum Paganismus? Viele von uns wachsen mit dem Gefühl auf, daß die Natur heilig und etwas Göttliches ist. Für Kinder ist es ganz natürlich, in den Wäldern Altäre zu Ehren der Baumgeister aufzustellen, so wie sie sonst überall Sandburgen am Strand bauen. Man braucht uns solche Dinge nicht zu lehren, obwohl das bei einigen von uns nötig wäre. Im Laufe der Kindheit und Jugend vergessen viele von uns dieses Gespür für die geheiligte Ausstrahlung eines Baumes, eines Flusses oder des Meeres, manche jedoch auch nicht. Viele von uns stellen fest, daß wir unsere Gebete spontan an die Göttin oder den Großen Geist richten; daß die Götter, die wir in unseren städtischen Tempeln und Kirchen finden, nicht die sind, die in unseren Träumen und Visionen zu uns sprechen. Oft fühlen wir uns einsam und glauben, daß niemand unser Empfinden für Mysterien und Wunder mit uns teilt.

Zusammen mit anderen Kindern hören wir von den Mythen unserer Vorfahren in der Schule, aber für uns sind diese Berichte nicht nur Geschichten aus alter Zeit. Sie sind lebendig und voller Bedeutung. Wir lernen, daß vor vielen Jahrhunderten unsere Vorfahren die Götter des Himmels und des Windes, der Sonne und des Regens verehrten; und daß sie nicht nur Göttern, sondern auch Göttinnen huldigten. Wir erfahren, daß Göttinnen einst geehrt und respektiert wurden. Sie bestimmten über Schlachten und Kriege, Wissen und Lernen, sowie auch über all das, was in den letzten Jahrhunderten als Domäne der Frauen betrachtet wurde, nämlich Haus und Herd, Geburt und Mutterschaft.

Möglicherweise haben viele von uns gespürt, daß eine Veränderung in der Luft lag. Als Erwachsene haben wir das vielleicht als ›Veränderung des gesellschaftlichen Bewußtseins‹ bezeichnet. Die alten Götter erwachten. Sie kamen in unseren Träumen zu uns, und wir schrieben Geschichten über sie. Vielleicht haben wir ihre Bilder gemalt. Vielleicht haben wir gespürt, daß auch andere Menschen dasselbe empfanden – nicht unbedingt unsere Freunde oder Verwandten, aber vielleicht auch sie. Es könnten die Autoren von Büchern gewesen sein, die unter dem Sammelbegriff ›Phantastische Literatur‹ oder ›Science Fiction‹ in den Regalen der Buchhandlungen stehen. Vielleicht haben wir Marion Zimmer Bradleys Buch ›*Die Nebel von Avalon*‹ mit seiner Würdigung der Barden, Priesterinnen und Göttinnen gelesen. Wir wußten natürlich, daß dies nicht reale Historie war – aber so, wie Historie hätte sein können. Wir träumten von einer Welt, in der die Göttin sich offenbaren würde und die alten Götter der Berge und Wälder verehrt würden. Als in Amerika Geborene haben wir vielleicht über die Sitten und Gebräuche unserer Ahnen gelesen – über die Wege des Segnens, des Heilens. Wenn wir von den Kelten abstammen, haben wir möglicherweise die Mythen unserer keltischen Gottheiten gelesen. Andere wiederum sprechen die Mythen der altnordischen Edda (›Urmutter‹) mit einer Macht und Intensität an, wie das bei der Religion unserer Kindheit nie der Fall war.

Vielleicht finden wir Hinweise, auf Grund derer wir entdecken, daß wir nicht irgendwie seltsam, einem Jenseitsglauben oder einer vergessenen Vergangenheit verhaftet, sondern Paganen sind. Möglicherweise haben wir ein Buch oder einen Artikel in einer Zeitschrift über heutigen Paganismus gelesen, ein entsprechendes Radiointerview gehört oder auch einen Studien- oder Arbeitskollegen getroffen, der von sich sagte: ›Ich bin ein Pagane.‹ Dann wußten wir, daß auch wir das waren.

Wir stehen nicht allein. Überall auf der Welt gibt es andere Menschen, die die alten Götter verehren, die Macht der Seele und des Geistes, die Macht von Magie und Mythos zu würdigen wissen. Viele von uns mögen ein Gefühl des Wiedererkennens und ein *Déjà-vu-Erlebnis* erfahren haben, das des Heimkommens nach einer langen Reise – wir sind nach langem Exil zu unseren eigenen Leuten zurückgekehrt. Viele mögen gespürt haben, daß sie in einem früheren Leben Paganen waren – vielleicht Druiden, Schamanen, Priesterinnen oder weise Zauberinnen. Vielleicht wird damit beschrieben, als was sie sich heute fühlen und was sie zu sein trachten. Sie mögen sich berufen, von den Göttern dazu bestimmt fühlen. Sie mögen andere Gleichgesinnte durch Zufall oder über Annoncen in paganistischen Zeitschriften oder in esoterischen Buchhandlungen finden. Vielleicht eignen sie sich bei anderen, die pagane Mythen lehren, Wissen an. Vielleicht entscheiden sie sich dafür, ihren Weg allein zu finden. Wie immer er in Zukunft aussehen wird, alle werden das gleiche Empfinden des ›Angekommenseins‹ haben, das Gefühl, nun an dem ihnen gemäßen Ort zu sein. Sie werden zu den alten Daseinsweisen zurückgekehrt sein, die jetzt ihre Zukunft sind. Sie sind nach Hause gekommen.

Anhänger des Paganismus haben auch deshalb häufig *Déjà-vu-Erlebnisse*, da wir Menschen alle über ein kollektives Erinnerungsvermögen verfügen. Paganen glauben, daß spirituelle Erkenntnisse sich in unserem eigenen Innern bilden. Um sie zu erlangen, müssen wir Zugang zu der tieferen Schicht des kollektiven Unbewußten und damit dem Urquell alles menschlichen Wissens finden – dem der Vergangenheit, der Gegenwart und auch der Zukunft. Viel wesentliches Wissen ist unserem Bewußtsein verlorengegangen. Wir haben vergessen, wie man im Buch der Natur liest. Wir hier im Westen blicken zum Beispiel in die Wüste von Arizona, und was wir sehen, ist eben nur das – nämlich die Wüste. Was wir nicht sehen, ist ein Vorratshaus voller Nahrung, Wasser und medizinisch wirksamer Pflanzen, mit denen jedes menschliche Leiden, jede Krankheit, einschließlich Krebs, behandelt und die auch als Verhütungsmittel eingesetzt werden können. Moderne Menschen haben die ›Primitiven‹, die von diesen Dingen wußten, verlacht, aber Tiere wissen mehr darüber als wir. Junge Elefanten haben die Kenntnis tausend verschiedener Pflanzen geerbt, die gegen unterschiedliche Krankheiten verzehrt werden können. Das ist im kollektiven Gedächtnis der Spezies verankert. Aber wie viele menschliche Wesen werden mit dieser Art von Wissen geboren?

Paganismus lehrt, daß das Wissen in unserem Innern verborgen ist, weil wir über ein artenspezifisches Gedächtnis verfügen. Dies war unseren Vorfahren bekannt, geriet dann aber weitgehend in Vergessenheit, bis C. G. Jung es wiederentdeckte – oder sich wieder daran erinnerte – und es das ›kollektive Unbewußte‹ nannte. Es war dieses artenspezifische kollektive Gedächtnis, zu dem die Schamanen Zugang hatten und so das Heilen von Krankheiten erlernten. Einer grundlegenden schamanischen Erfahrung zufolge wurde das Individuum zerstückelt, wiedergeboren, in neuer Form zusammengesetzt und kehrte so aus dem Jenseits mit wirklichem Wissen zurück. Ähnliches müssen wir erfahren, um unsere alte pagane Denk- und Lebensweise wiederzufinden. Es gibt eine alte Weisheit, die besagt: Wenn man das, was man sucht, nicht in seinem eigenem Inneren findet, so findet man es auch nicht außerhalb seiner selbst. Dies bedeutet, daß alles esoterische Wissen sich in unserem eigenen Inneren befindet, wenn wir uns nur er-innern, es aus seinen Tiefen holen und zusammenfügen. Ein wesentlicher Bestandteil unseres Schulwissens besteht im Training des Bewußtseins, damit wir durch Lesen und Zuhören äußere Fakten aufnehmen und verarbeiten können. Das ist nützlich, aber es geschieht auf Kosten einer tieferen Erfahrung, nämlich des Zugangs zum Kern des ererbten Wissens und des Mythos in uns.

Zum verborgenen Kern des Wissens und der Erkenntnis kann man Kontakt aufnehmen, wenn man die Barrieren zwischen Bewußtem und Unbewußtem absenkt. Dies geschieht spontan in Träumen. Viele wissenschaftliche Entdeckungen sind von den Forschern im voraus ›geträumt‹ worden, die sich danach durch den gesamten Prozeß logischer Deduktion ›zurückarbeiten‹ mußten, um herauszufinden, wie sie überhaupt zum Ergebnis gelangt waren!

Wissenschaftliche Neuerungen sind auch deshalb interessant, weil sie Anlaß zu heftigen Debatten über die Urheberschaft geben. Häufig kommen mehrere Wissenschaftler, die unabhängig voneinander in den verschiedensten Teilen der Welt arbeiten, gleichzeitig auf die Lösung desselben Problems. Das geschieht deshalb, weil sich das Kollektivbewußtsein der Menschheit bis zu einem Punkt weiterentwickelt hat, an dem diese Lösung einfach nur der nächste logische Schritt ist. Allerdings erschwert dies die Diskussionen über die Urheberschaft von Ideen. Im Westen hat man uns eine individualistische Einstellung vermittelt, derzufolge wir Ideen ›besitzen‹ – ein Konzept, das unseren Vorfahren fremd gewesen wäre. Viele von uns, die schreiben, malen, komponieren oder erfinden, werden schon die Erfahrung gemacht haben, von einem neuen Gedanken oder einem neuen Werk zu ›träumen‹, um dann nachts plötzlich aufzuwachen und etwas zu erhalten, was wie eine Eingebung von den Sternen erscheint. Die großen Barden unserer Ahnen glaubten nicht, daß die Gedichte und Sagen, die durch Träume und Visionen aus ihnen entstanden, ihr ›Eigentum‹ waren. Sie wurden ihnen von den Göttern geschickt. Die Barden waren nur die menschlichen Vermittler, die die Botschaften in Empfang nahmen und versuchten, sie so sinngemäß wie möglich wiederzugeben.

Zugang zu dem zeitlosen Bereich des kollektiven Unbewußten eröffnen das Erlernen der Meditationstechniken und das Erlangen einer Stille in unserem Innern, die uns ermöglicht, mit den Göttern zu kommunizieren und ihre Stimmen zu hören, die durch den zwischen Bewußtem und Unbewußtem hängenden Schleier dringen. Es bedeutet, die Verbindung mit der tieferen Schicht des Göttlichen Selbst in uns allen herzustellen, in dem unser Paganismus wurzelt.

Widerlegung von falschen Behauptungen

Das Wort ›Paganismus‹ kann Vorurteile und Befürchtungen hervorrufen, und es gibt viele falsche Vorstellungen von seinen Erscheinungsformen. Im folgenden untersuchen wir einige der Fehlannahmen näher.

Paganismus bedeutet nicht Materialismus.

Ein britischer katholischer Bischof schrieb vor kurzem in einer katholischen Zeitung, es sei ›pagan‹, am Sonntag die Läden zu öffnen. Dies ist kein Paganismus, sondern Verweltlichung und Konsumorientierung. Die Paganen glauben, daß es für uns alle gut ist, wenn wir Tage haben, an denen wir uns auf Andacht und Muße statt auf Arbeit und Geldverdienen konzentrieren. Der einzige Unterschied ist der, daß Paganen - möglicherweise finden, es müßten nicht unbedingt immer Sonntage sein. Paganen glauben, daß der Nachdruck, den die moderne Gesellschaft auf Konsum legt, uns in materieller Hinsicht bereichern mag, aber andererseits zu spiritueller Verarmung führt und auf Kosten der uns folgenden Generation geht. Die Ressourcen der Erde sind nicht unerschöpflich. Das Leben bedeutet mehr als ›einkaufen, bis wir umfallen‹. Unsere materiellen Bedürfnisse sind wichtig, aber ihnen bis ins Grenzenlose nachzugehen ist kontraproduktiv, weil materielle Dinge allein unsere tiefer liegenden Bedürfnisse nicht befriedigen. Auch der Geist bedarf der Nahrung.

Paganen sind nicht sexuell pervers.

Sie mögen, anders als Christen, glauben, daß Sex zwischen Erwachsenen im gegenseitigen Einverständnis natürlich und zulässig ist, vorausgesetzt, beide Beteiligten treffen vernünftige und verantwortungsbewußte Vorsorgemaßnahmen gegen emotionelle Ausbeutung, unerwünschte Schwangerschaft und gesundheitliche Risiken. Sie halten jedoch nichts von Sex mit Perversen oder Minderjährigen. Tatsächlich ist die sexuelle Moral bei Paganen im allgemeinen strikter als in der säkularisierten Gesellschaft.

Paganen sind keine Anti-Christen.

Sie selbst glauben zwar nicht, daß das Christentum die beste Religion für alle sei, aber sie respektieren die Tatsache, daß es von vielen als richtiger spiritueller Weg angesehen wird. Der Paganismus stimmt nicht mit der Behauptung von Christentum, Islam und einigen anderen Religionen überein, daß der jeweilige eigene Weg der *beste* oder *einzige* für die Menschheit sei, um der Gottheit zu huldigen und sie zu verehren.

Manche Paganen praktizieren Weisheits- oder Hexenkunst, aber sie sind keine Satanisten.

Satan ist der Name, den die Christen dem Dämon gaben, und der Paganismus existierte schon Tausende von Jahren vor dem Christentum. Die ›Hexen‹ im Paganismus verehren die alten Götter und Göttinnen unserer jeweiligen Länder und praktizieren Heilkünste und Magie, um den Menschen, der Gesellschaft und ihrer Umwelt zu helfen.

Der Paganismus tritt nicht für Schwarze Magie oder Tieropfer ein.

Jeder, der Magie einsetzt, um Macht über andere zu erlangen, oder sie um materieller Vorteile willen betreibt, wäre gut beraten, sich an andere Stellen zu wenden. Die meisten Paganen glauben, daß der menschliche Geist über Kräfte verfügt, die bisher noch kaum erkannt wurden. Es sind die Kräfte, Gedanken zu übertragen, in die Zukunft zu sehen und die Veränderungen durch den Einsatz von Liebe und Willensstärke zu bewirken. Diese Kräfte können jedoch nur in einer Weise eingesetzt werden, die für die Götter annehmbar sind; das heißt, mit Methoden, die der Menschheit und anderen Formen der Schöpfung nützen, nicht mit solchen, die Schaden verursachen.

Und nun, da wir die falschen Behauptungen überprüft haben: Was *glauben* Paganen?

II
Pagane Glaubensformen

Innerhalb des Paganismus existieren viele Formen des Glaubens, aber im Kern gibt es drei Maximen, an denen sich die meisten orientieren:

1) Das Göttliche manifestiert sich in Gestalt vieler Gottheiten an verschiedenen Orten und zu unterschiedlichen Zeiten. Eine einzige Gottheit kann die Vollkommenheit des Göttlichen nicht ausdrücken. Dies kann man als *Polytheismus* bezeichnen – der Götter sind viele.
2) Das Göttliche ist in der Natur und in jedem von uns gegenwärtig. Dies kann man als *Pantheismus* bezeichnen – das Göttliche ist überall.
3) *Göttin und Gott:* Das Göttliche verkörpert sich sowohl durch das Weibliche (Göttin) als auch durch das Männliche (Gott), wobei klar ist, daß es jenseits jeder Begrenzung der Geschlechter existiert.
4) Ein viertes Prinzip, zu dem sich viele Paganen bekennen würden, wird als *pagane Ethik* bezeichnet: ›Tu das, was du tun möchtest, sofern es niemandem schadet.‹

Polytheismus

In der Vergangenheit war es für einfache Gemüter leicht zu glauben, daß ihre eigene Religion richtig echt, selbstverständlich gut und die einzige akzeptable Wahrheit sei und daß Menschen anderer Sprachen und Rassen, die sich zu anderen Glaubensformen bekannten, primitiv, auf dem falschen Weg, irregeleitet oder auch einfach böse seien. Diese Einstellung war sowohl im politischen wie auch religiösen Leben üblich. Sie brachte Unglück über Millionen Menschen. Im Verlauf der Jahrhunderte waren es jeweils Frauen, Juden, neue christliche Sekten, Paganen, Hexen oder Menschen mit der falschen Hautfarbe, die sich irrten, die korrupt waren oder zu ihrem eigenen Besten unterdrückt werden mußten. Die Grausamkeiten des Kolonialismus, des Stalinismus, des Nazismus, des Sexismus, der Inquisition und des Rassismus wurden von bestimmten Teilen der Bevölkerung jeweils einer Gruppe zugefügt. Die Initiatoren waren im wesentlichen nicht einmal diejenigen, die bewußt Böses wollten, sondern die, die so von ihren eigenen Doktrinen und irgendeiner Propaganda irregeleitet waren, daß sie glaubten, das Richtige zu tun. Sie waren diejenigen, die ›unsere Seelen retteten‹, ›die Zivilisation schützten‹, ›die Rasse genetisch reinhielten‹ oder etwas ›um der großen Sache willen‹ taten. Dies ist der *Wahn der Rechthaberei*.

Der Paganismus lehrt nicht, daß es nur einen einzigen richtigen Weg gibt, um das Göttliche zu ehren, oder daß die Lehren einer bestimmten Rasse denen einer anderen überlegen sind. Wir trachten nicht danach, zu missionieren oder sie anderen mit Hilfe von Gewalt, Bestechung oder Drohung aufzuzwingen. Polytheismus bedeutet, daß wir die Götter anderer respektieren und sie als eine weitere wunderbare Manifestation göttlicher Kraft anerkennen. Andere Menschen verehren ihre Götter in einer Weise, die sich von der unseren unterscheidet, aber wir beginnen keine Religionskriege im Namen unserer Götter, und wenn wir mit ihnen kommunizieren, nehmen wir nicht ihren Leib oder ihre Gaben zu uns. Unsere Götter haben ein weiteres Blickfeld und fordern uns auf, uns ihnen mit unserem persönlichen Verständnis zu nähern und nicht anderen lächerliche Doktrinen aufzudrängen oder das wörtlich auszulegen, was ursprünglich als Symbolik gedacht war.

Für Paganen hat sich das Göttliche auf verschiedene Weise zu verschiedenen Zeiten den verschiedenen Menschengruppen geoffenbart. Mit unserem begrenzten menschlichen Begriffsvermögen haben wir versucht, diese Manifestationen zu entschlüsseln und zu dogmatisieren und unsere Interpretationen anderen aufzuzwingen. Das ist Torheit, denn das Göttliche ist jenseits unseres menschlichen Geistes und unserer Dogmen. Paganen glauben daran, daß sich die Wahrheit uns allen nur aus den Tiefen unseres Selbst enthüllt und zwar mit Hilfe von Meditation und Kontemplation. Sie äußert sich in Formen und Bildern, die wir verstehen können. Sie sind – wie Bilderbücher von Kindern – mögliche Manifestationen der Realität, eine annähernde, jedoch nicht vollständige Darstellung des Eigentlichen.

Die verschiedenen paganen Polytheismen sind deshalb Religionen der Toleranz. Eine nordische Priesterin, die in der Geschichte als Sigrid die Stolze bekannt wurde, erklärte den christlichen Missionaren, die sie bekehren wollten:

›Ich muß mich nicht von dem Glauben trennen,
dem ich anhänge und meine Vorfahren vor mir;
ebenso werde ich nichts dagegen einwenden,
wenn ihr an den Gott glaubt, der euch am besten entspricht.‹

Die Paganen verehren die alten Götter, aber sie klammern sich nicht an eine romantische Vergangenheit. Wir glauben, daß in der Vergangenheit und in unseren alten Göttern der Schlüssel zum Verstehen der Zukunft liegt. Wir glauben auch, daß die menschliche Gesellschaft einem Baum gleicht. Sie kann nicht freischwebend in der Luft leben. Sie muß in der Erde und in den Göttern der Erde verwurzelt sein und auch in einem Verständnis der Vergangenheit – sowohl ihre Weisheit als auch ihre Irrtümer betreffend.

Eine weitere beständige Torheit der Menschheit ist der Glaube an die *Statik* – wir halten die Welt für statisch und unveränderlich. Alle wissenschaftlichen Beweise sprechen für das Gegenteil – alles ist in Bewegung, der Zyklus der Jahreszeiten wiederholt sich immer wieder, wir altern. Und doch hegen wir immer den Wunsch, die Zeit aufzuhalten. Wir klammern uns an das, was inzwischen verschlissen ist und seinen Nutzen eingebüßt hat; aber sich an die Vorstellung der Beständigkeit zu klammern heißt, sich an eine Illusion zu klammern, denn die Botschaft des Kosmos lautet Veränderung.

Das Gesetz der Veränderung bedeutet, daß unsere religiösen Formen und Visionen sich entwickeln und wandeln müssen, so wie sich die Gesellschaft entwickelt und wandelt. Neue Situationen schaffen neue spirituelle Bedürfnisse. Die alten Tempel müssen neu gebaut, die alten Religionsformen neu belebt und revidiert werden. Symbole, die zu weltlich und bedeutungslos geworden sind, müssen durch eine Rückkehr zu den Quellen religiöser Inspiration erneuert werden – durch eine Aufnahme der Verbindung mit den Göttern selbst. Das heißt, daß wir alle tief in unser eigenes Inneres vordringen müssen, bis hinab in die Schatzkammer kollektiver Erinnerung, um dort unseren Göttern zu begegnen und auf ihre Stimmen zu hören. Die paganen Traditionen sind keine Religionen, deren Lehren auf Steinplatten eingraviert sind. Paganismus wird nicht von religiösen Führern verkündet, die ihre Gedanken und Taten für unfehlbar oder unwiderlegbar halten. Paganen nehmen eine demütigere Geisteshaltung ein.

Pantheismus

Der Paganismus verehrt die Kraft des Lebens an sich, die sich kontinuierlich entfaltet, erneuert, auflöst, zu ihrer Quelle zurückkehrt, dort ruht, dann erwacht und sich wieder erneuert. Von seinen einfachsten Anfangsphasen an hat sich das Universum mit ständig zunehmender Vielfalt ausgedehnt, bemüht, sich selbst zu erkennen und seine eigene Natur zu verstehen. Viele Paganen glauben an ein bewußtes und kreatives Universum, in dem die Menschen und die übrige Schöpfung die Augen und Ohren, das Gehirn und die Hände darstellen. Unsere gesamte Erfahrung nährt den Kollektivgeist der Menschheit, der wiederum das Bewußtsein des Universums nährt. Manche Religionen vertreten die Ansicht, daß der Mensch der einzige Teil der Schöpfung sei, der an diesem Prozeß partizipiere. Paganen wissen, daß dies nicht so ist. Jedes Tier, jede Pflanze und jede mineralische Lebensform verfügt über ein Erinnerungsvermögen, dessen Inhalt an die eigene Spezies weitergegeben und auch auf andere Spezies übertragen wird. Moderne Biologen teilen diese Ansicht.

Für Paganen ist es wichtig, sich an die Kräfte zu erinnern, die uns erheben und tragen und sie zu verehren. Leben und Bewußtsein sind kostbare Geschenke, ebenso wie die Natur, deren Bestandteil wir sind. Letzteres vergessen wir oft und empfinden uns nicht als ihren Teil, sondern als etwas von ihr Getrenntes. Wir erliegen dem Wahn des Abgesondertseins. Wir fühlen uns isoliert und verlassen, unser Leben scheint ohne Bedeutung. Zielsetzung des Paganismus ist, uns daran zu erinnern, wer und was wir sind; das Geschenk des Lebens zu feiern, auch wenn es oft von Sorgen erfüllt ist; und die Götter zu ehren, die großen Mächte des Universums, die uns das Leben schenken.

Das Göttliche ist wie der Atem des Universums, der die Kraft des Lebens selbst entstehen läßt. Das Göttliche ist in der Luft, die wir atmen, im Wasser, das wir trinken, im menschlichen, tierischen und pflanzlichen Leben um uns herum. Genau so wie wir Geist sind, der einen Körper bewohnt, so bewohnt das Göttliche das Universum um uns herum.

Dieser pantheistische Glaube war für unsere Vorfahren selbstverständlich. Heute leben wir in einer Welt des immerwährenden Lichts, angefangen vom Tageslicht draußen bis zur elektrischen Beleuchtung, die jede Dunkelheit vertreibt.

Unsere großen Städte sind von einem riesigen Ring grellen Lichts umgeben, das die Wunder des nächtlichen Himmels dämpft, und was wir nicht mit Elektrizität verdeckt haben, trüben wir mit unserer Umweltverschmutzung. Für unsere Ahnen jedoch war die Kraft der Sterne und Planeten über uns ein fester Bestandteil ihres Lebens. Sie ersahen aus der Farbe des Mondes und den Bewegungen der Sterne, was für ein Wetter ihnen bevorstand. Sie wußten, daß gewisse Mondphasen besser für die Anpflanzung waren, daß gewisse Winde Regen bringen und deshalb die Ernte schnell eingebracht werden mußte, daß der Schnee die Tierherden vor den Bogen des Jägers treiben würde. Deshalb war es für unsere Ahnen selbstverständlich, im steten Wechsel der Natur eine Bekundung der göttlichen Macht zu sehen. Ihnen war bewußt, daß Ebbe und Flut und die Jahreszeiten durch größere Kräfte als ihre eigenen bewirkt wurden, und sie ehrten sie, indem sie sie ›Göttin‹ oder ›Gott‹ nannten.

Heutzutage ist die Natur für viele von uns bar jeglichen Geistes. Die monotheistischen Religionen haben sie entheiligt. Sie haben alles Göttliche nach oben verpflanzt in ein rein spirituelles und immaterielles Reich. Unsere Herzen sind nicht mehr von Dankbarkeit für die Göttin erfüllt, wenn die Blumen blühen und unsere Feldfrüchte gedeihen. Statt dessen sind wir Unkrautvertilgern und Phosphaten dankbar! Unglücklicherweise wird sich diese sogenannte rationale Haltung, die an die Stelle einer ehrfurchtsvollen gegenüber der Natur getreten ist, katastrophal auf unsere Zukunft auswirken. Wir werden ermuntert, die Natur auszubeuten und ihr Gleichgewicht zu zerstören, kostbare Ressourcen zu beschneiden und zu verbrennen, die in Tausenden von Jahren nicht mehr erneuert werden können. Wir verändern gewaltsam unsere Jahreszeiten, verzögern Regenfälle, verwandeln grüne Ebenen in Wüsten und bilden uns ein, daß wir den *Fortschritt* beschleunigen, während wir immer tiefer im Morast der Dummheit versinken. Wir gehen in die Wüste, aber wir schaffen keine Wüstengärten voller herrlich blühender Kakteen. Es fehlt uns an Phantasie. Statt dessen bestellen wir unsere Gartenblumen aus dem Katalog und senken den Wasserspiegel, um leuchtendgrünen Rasen zu erzielen, Golfgelände anzulegen und dort Palmen zu ziehen, wo nie zuvor welche gewachsen sind.

All dies könnte den Eindruck erwecken, daß hier die Rückkehr zu einer romantischen, ökofreundlichen Vergangenheit vertreten wird, aber Paganismus ist eine praktische, mit den Problemen der Gegenwart befaßte Religion. Der Wechsel in der Weltanschauung, den der Paganismus im Verlauf des neunzehnten und zwanzigsten Jahrhunderts vertieft, hat nun das Interesse von sehr pragmatischen Organisationen – Versicherungsgesellschaften – gefunden. 1995 besuchte eine hochgradige Delegation der Versicherungsfirma Lloyd's aus London eine internationale Konferenz in Berlin. In den neunziger Jahren erlitten Versicherungsgesellschaften auf Grund der durch globale Lufterwärmung entstandenen Naturkatastrophen dramatische und verheerende Verluste. Gewaltige Flutmassen verwüsteten 1993 Landflächen in den Vereinigten Staaten und den Niederlanden, 1995 auch in China. Neun amerikanische Versicherungsgesellschaften gingen nach den Hurrikanen ›Andrew‹ und ›Iniki‹, die 1992 in Florida und Hawaii Verwüstungen anrichteten, Bankrott. 24 Rückversicherungsunternehmen zogen sich aus der Karibik zurück, nachdem Stürme über das Gebiet hinweggebraust waren. ›American Re‹, die drittgrößte amerikanische Rückversicherungsgesellschaft, hat bereits eine eigene Gesellschaft zur Entwicklung umweltfreundlicher Technologien eingerichtet und fordert Solarkraft-Unternehmen auf, bei ihr zu investieren. Den Führungskräften der Versicherungsgesellschaften in Großbritannien wurde in einem vertraulichen Bericht mitgeteilt, sie könnten bei ihren Bemühungen mit keinerlei Unterstützung rechnen: Die auf fossilen Brennstoffen basierenden Industriezweige würden aller Wahrscheinlichkeit nach, ›effektiv sämtliche Maßnahmen, die unternommen werden könnten, zunichte machen‹. Die Versicherungsgesellschaften sind also auf sich selbst angewiesen.

Angesichts der verheerenden und unverantwortlichen Einstellung gegenüber der Ausbeutung unseres Planeten ist die Menschheit endlich wach geworden und hört nun auf die Botschaft, die schon seit langem vom Paganismus verkündet worden ist – nämlich innezuhalten und nachzudenken. Wir müssen die Belange unserer Umwelt zur Kenntnis nehmen. Wir müssen die Lebensformen achten, die seit Jahrtausenden in ihr existiert haben. Wir dürfen das Gleichgewicht der Natur nicht stören, ohne uns darüber im klaren zu sein, was wir damit anrichten. Der Paganismus ist eine ›grüne‹ Religion. Sie ermuntert uns, in Liebe und innerer Verwandtschaft mit der Welt der Natur zu leben. Sie wurde nicht zu unserem ausschließlichen Nutzen geschaffen. Wir sind nicht mehr als eine der Milliarden Spezies, durch die die Gottheiten ihre Schöpfung geoffenbart haben. Unsere Aufgabe ist, das von der Erde in Empfang zu nehmen, was wir brauchen, das, was wir nicht brauchen, anderen Lebensformen zu überlassen und die Götter zu ehren, die uns eine Welt von unendlicher Schönheit geschenkt haben.

Zu den Anliegen des Paganismus gehört auch die sogenannte Tiefenökologie. Tiefenökologie befaßt sich mit der Verbundenheit des Menschen mit dem übrigen planetarischen System. Diese Verbundenheit stellt einen wichtigen Begriff im Paganismus dar und steht im Gegensatz zu der falschen Vorstellung des Abgesondertseins. Wir *sind* Bestandteil der Natur – Elemente eines funktionierenden Ganzen. Statt das Universum als anthropozentrisch und sozusagen zur Ausbeutung für die Bedürfnisse der Menschen freigegeben anzusehen, wird es vom Paganismus als ganzheitlich und seinen eigenen Zwecken dienend betrachtet, wobei menschliche Wesen eben nur eine gewisse Rolle spielen.

Göttin und Gott

Die Tiefenökologie wendet sich häufig zu wenig der Beziehung zwischen der anthropozentrischen Ausbeutung der Natur und anderen Formen der Unterdrückung zu. Ein wichtiger Aspekt dieses Problems ist die Verdrängung des Weiblichen aus Spiritualität, Philosophie und Gesellschaft.

Die neueren Religionen der vergangenen zwei Jahrtausende basieren auf einem fundamentalen Irrtum: der Darstellung des Göttlichen als männlich und zwar ausschließlich als männlich. Wenn wir innehalten und darüber nachdenken, erkennen wir, daß dies ein seltsamer und unsinniger Glaube ist. Das Göttliche hat sich über Jahrhunderte sowohl als Göttin als auch als Gott manifestiert, um uns zu helfen, seine Vielfalt zu verstehen. Wenn wir nur einem Teil des Göttlichen huldigen, geht unser Wissen verloren. Wir entziehen der Hälfte unserer Mitmenschen – den Frauen – die ihnen zustehenden Rechte. Die gängige Einstellung ist, Gott sei nach dem männlichen Bild geschaffen und nicht nach dem weiblichen; das männliche Geschlecht sei von Gott beauftragt, die Kontrolle zu übernehmen und das weibliche Geschlecht aus dem gesellschaftlichen Leben zu verbannen, es auf das Heim, den Himmel und die Welt des Mutterleibs einzuengen, ihm intellektuelle Betätigungsfelder oder spirituelle Erfüllung zu versagen.

Der Paganismus lehrt, daß Frauen und Männer, Mädchen und Jungen, Göttin und Gott gleichwertig und unerläßlich für eine harmonische und vollkommene Gesellschaft und Schöpfung sind. Der Paganismus lehrt, daß ein vollkommener Mensch willensstark, liebevoll, großzügig, freundlich und verantwortungsbewußt ist. Er steckt uns nicht in die Zwangsjacke stereotyper Geschlechterrollen, die einerseits den Frauen untersagt, ihre Kraft einzusetzen, um in der Welt etwas zu bewirken, und andererseits den Männern die Fähigkeit bestreitet, Liebe und Fürsorglichkeit auszudrücken.

Der Feminismus des neunzehnten und zwanzigsten Jahrhunderts hat der Verehrung der Göttin starken Auftrieb gegeben. Sowohl Männer wie Frauen wurden dadurch inspiriert, die Einengung durch den patriarchalen Monotheismus in Frage zu stellen und abzulehnen.

Ein großer Teil der die monotheistischen Religionen kennzeichnenden Frauenfeindlichkeit beruht auf ihrer negativen Einstellung zum Körper. Im Paganismus wird der Körper als Tempel des göttlichen Lichts betrachtet. Unsere Sinne enthüllen uns die Schönheiten der physischen Welt, die eine Offenbarung der göttlichen Macht ist. Deshalb ist die Natur gut, ebenso auch der physische Bereich. Die Vereinigung mit dem Göttlichen soll auch in der materiellen Welt, nicht nur in der geistigen Sphäre gesucht werden. Der Körper muß keine Ablenkung von der Spiritualität bedeuten.

Im Westen wurde das vergangene Jahrtausend von einem christlichen Ethos dominiert, dessen Einstellung gegenüber der Sexualität sehr negativ war. Es wurde gelehrt, daß das Zölibat besser sei als die Ehe und daß sexuelle Aktivität – vor allem die der Frauen – unter strenger Kontrolle stehen müsse. Wenn Sexualität abzulehnen ist, dann ist der Auslöser sexuellen Verlangens an sich sündig. Frauen regen die sexuellen Bedürfnisse der Männer an – daher sind sie böse und sündig.

Der Mann kann sich am besten vor ihnen schützen, indem er sich von ihnen absondert und sie unterjocht. Das ist natürlich eine sehr vereinfachende Analyse. Es gibt viele andere komplizierte historische und ökonomische Ursachen für die Unterdrückung der Frauen, sicher hat die damalige Glaubenslehre sie eher gefördert als ihr entgegengewirkt.

Ethik des Paganismus

Der Paganismus beinhaltet keine komplizierte Ansammlung von Geboten, aber er lehrt, daß wir unser Verhalten nach einer einfachen Grundregel ausrichten: Alles, was anderen nicht schadet, ist zulässig. Wir müssen uns selbst fragen: ›Welche Wirkung wird das, was ich tue, auf andere haben? Wird es für sie verletzend oder abträglich sein? Kann ich dies oder das tun, nehmen oder sagen, ohne anderen Menschen, anderen Wesen oder unserem Planeten selbst Schaden zuzufügen?‹ Dies ist der Weg, möglichst wenig Unheil zu stiften.

Paganen ist klar, daß allein die Existenz der menschlichen Rasse eine Bedrohung für den Rest der Schöpfung auf der Erde darstellt. Wir sind gierig nach deren Bodenschätzen, wir beuten andere Spezies aus und haben als Gegenleistung wenig zu bieten. Aber wir existieren nun einmal, und der Fortbestand dieser Existenz hängt von unserem Vermögen ab, die Gesellschaft dazu zu bewegen, diese Werte zu bewahren, um damit nicht nur die Menschheit selbst, sondern auch unsere Erde zu erhalten.

Der Erde als Ausgleich für das Leben, das sie uns schenkt, etwas zurückzugeben ist für den Paganismus wichtig und im Gedankengut seiner Anhänger zentral. Ein altes paganes Gebet aus Litauen (eines der letzten Länder in Europa, das christianisiert wurde) spricht davon, aus Dankbarkeit Bäume zu pflanzen. Wenn ein Kind geboren wird, eine Hochzeit stattfindet oder sich irgend etwas anderes Erfreuliches ereignet, können wir das durch das Pflanzen eines Baumes feiern.

Nicht alle besitzen ein Stück Land oder Gärten, um das zu tun. Eine Möglichkeit für uns wäre, Organisationen beizutreten, die ähnliches praktizieren. Sie gibt es heute in vielen Ländern, man kauft dort auch Wälder und andere Gebiete auf, um sie zu erhalten. Das alles sind Wege, der Natur zu helfen. Wir mögen das Gefühl haben, nur einen sehr geringen Beitrag zu leisten, aber wir können nicht nur selbst handeln, sondern auch andere dazu ermuntern. Auch eine kleine Handlung wirkt wie ein Stein, den man in einen Teich wirft – wie Wasserringe breiten sich die Ideen im Inneren anderer Menschen aus, die dann wiederum diese Gedanken weitergeben können.

Die Graswurzel-Bewegung in Amerika zeigt, wie Teile der Gesellschaft heutzutage in vielen hochentwickelten Ländern vorgehen. Die Menschen können sich nicht mehr darauf verlassen, daß große Körperschaften wie etwa Regierungen das tun, was unerläßlich ist. Menschen schließen sich zusammen und sagen: »Wir müssen selbst etwas unternehmen.« Das ist kein Vorrecht des Paganismus, aber für viele bedeutet es einen Schritt nach vorne. Vielleicht können wir es uns nicht leisten, Land oder Wälder selbst zu kaufen, aber wenn wir mit Freunden, Verwandten und anderen Paganen über diese Vorstellungen sprechen, können wir Leute finden, die diese Dinge ebenso als wichtig betrachten und kleine Summen beisteuern, um sie zu verwirklichen. Im Laufe der Zeit wird sich diese Summe vergrößern, bis es uns dann gelingt, zum Beispiel ein Waldgebiet dadurch zu erhalten, daß wir es erwerben und damit nicht nur den Bäumen ein festes Zuhause schaffen, sondern dort auch einen Freiraum für Rituale finden, wo wir im Einklang mit dem Land kampieren und auch auf andere Weise unserem Paganismus Ausdruck verleihen können.

Einst wurden Bäume gepflanzt, um jederzeit Feuer- und

Nutzholz für Gebäude und Möbel zu haben. Dies sind nach wie vor dringende Erfordernisse, aber in unserer heutigen Zeit der Abholzung sind Bäume lebenswichtig, um uns nur die Luft zu erhalten, die wir einatmen. Die großen Wälder der Erde sind Teil ihres Ökosystems und sorgen für den Sauerstoff in der Atmosphäre. Sie sind auch unerläßlich für den Regen. Wenn wir also in einem Teil der Welt Bäume vernichten, verursachen wir damit in einem anderen Dürre. Unsere Unfähigkeit, dies zu verstehen, entstammt unserer Wahnvorstellung, daß die Dinge auf der Welt nicht alle miteinander im Zusammenhang stünden. Es ist für den menschlichen Verstand schwer zu begreifen, daß das, was wir denken und tun, solch weitreichende Folgen haben soll. Doch die Menschen fangen an, dies auf Grund der Chaos-Theorie zu verstehen, einer wissenschaftlichen Theorie, derzufolge eine winzige Veränderung in einem Teil der Erde – sagen wir einmal das Flattern eines Schmetterlingsflügels – millionenfache Auswirkungen hat, die sich zu einem Hurrikan in einem anderen Teil der Welt steigern können. Diese Art fortschrittlichen wissenschaftlichen Denkens liegt jenseits des Begriffsvermögens der meisten von uns, aber wenn wir anfangen, es zu akzeptieren, darüber nachzudenken und unser eigenes Verhalten in diesem Licht zu betrachten, dann werden wir schließlich realisieren, daß alle unsere Gedanken und Handlungen sich auf die Mitmenschen und Lebensformen um uns herum auswirken. Wir können nicht aufhören, das zu erzeugen, was die Buddhisten ›Karma‹ nennen – alle unsere Handlungen haben Wirkungen und Konsequenzen, die wir nicht voraussehen können – aber wir können unser Bestes tun, um so zu leben, daß wir all denen, die um uns herum sind, so wenig Schaden wie möglich zufügen. Das ist in gewisser Weise eine weniger anspruchsvolle ethische Forderung als die, nach Möglichkeit Gutes zu tun – aber sie ist wichtig.

Die Natur zu bewahren bedeutet zugleich die Erhaltung der herrlichen Vielfalt, die die Götter unserer Erde geschenkt haben. Noch immer verstehen wir nicht die komplizierten Wechselwirkungen unserer Biosphäre und die Rolle, die jede Lebensform bei deren Erhaltung spielt. Alles, was wir wissen, ist, daß wir nichts wissen. Wir greifen in dieses Gleichgewicht auf eigene Gefahr ein, weil wir nichts begreifen, und aus diesem Grund ist es wichtig, daß wir die Artenvielfalt bewahren, so gut wir können. Aktive Paganen sind nicht nur für die Erhaltung des Landes tätig, sondern treten auch für die der Tiere und deren Rechte ein. Der Gedanke, anderen Wesen gegenüber grausam zu sein und ihnen Schmerz zuzufügen, nur weil sie über weniger Macht verfügen als wir, ist unvertretbar. Nicht nur vom Standpunkt des Tiers aus gesehen, er ist auch schlecht für die Menschen, denn er vermittelt sowohl uns als auch unseren Nachkommen die falschen Botschaften. Wenn wir Tieren gegenüber grausam sind, so werden wir es auch anderen Menschen gegenüber sein, vor allem denjenigen, die verletzbarer sind als wir. Dadurch, daß wir lernen, Verantwortung für andere Spezies zu übernehmen, lernen wir auch, die Grenzen und die Individualität der Mitmenschen zu respektieren. Das ist wichtig, wenn wir selbst überleben wollen. Viele Paganen sind Vegetarier, andere beschränken sich auf das Fleisch selbsterlegter Tiere, was jedoch nicht durch eine asketische Einstellung oder den Wunsch, das eigene spirituelle Wachstum zu fördern, motiviert ist. Sicher ist so eine Wirkung möglich. Sie ziehen es vor, auf Fleisch zu verzichten, weil sie glauben, daß die mit Massentierhaltung verbundene Fleischproduktion schädlich für den Planeten und grausam gegenüber den Tieren ist.

Wir schaden unserer Erde, weil wir unsere enge Beziehung zu ihr nicht wahrnehmen, aber unsere Isolierung besteht nicht nur gegenüber der Natur, sondern auch gegenüber unseren Mitmenschen. Paganen glauben, daß die Art und Weise, in der die Gesellschaft uns heutzutage beibringt, miteinander umzugehen, in mehrfacher Hinsicht falsch ist. Man lehrt uns, ein hemmungsloses Individuum zu sein, das nach dem Motto ›Jeder ist sich selbst der Nächste‹ lebt. Man lehrt uns, so viel wie möglich zu konsumieren, ohne Rücksicht auf die Folgen für andere – seien es Zeitgenossen oder Nachkommen. Dies geschieht, weil wir das Gefühl für die Gemeinschaft mit Verwandtschaft und Sippe verloren haben, die früher das Band zwischen den Menschen bildete. Heutzutage wirken andere Leute oft seltsam, bedrohlich ›anders‹, außergewöhnlich und fremd. Das trifft hauptsächlich auf Menschen anderer Rassen, anderer Konfession und anderer Sprache zu, aber auch auf unsere Nachbarn und die nächste Umgebung. Wir leben in einer Welt, die zuvor noch nie so dicht besiedelt war, aber in der viele Menschen miteinander verfeindet, isoliert und einsam sind. Wir alle sind Pflanzen mit gemeinsamer Wurzel, obwohl sich das weit unter der Oberfläche unseres Bewußtseins verbirgt – im kollektiven Unbewußten. Wenn wir also einen anderen verletzen oder ihm schaden, so tun wir das letzten Endes uns selbst an; denn in einer Schicht unserer Psyche, die tiefer liegt, als irgend jemand von uns begreifen kann, sind wir nicht mehr voneinander getrennt. Wir sind eins.

Unsere eigentliche Verbundenheit bedeutet, daß im Paganismus gegenseitige Hilfe und Unterstützung von Wichtigkeit sind. Der Paganismus lehrt, daß die Gesellschaft uns unterstützt und ernährt. Als Gegenleistung müssen wir andere unterstützen und ernähren. Der Marxismus, wenngleich eine atheistische Philosophie, hatte eine Regel, die mehr Beachtung fand, wenn gegen sie verstoßen, als wenn sie eingehalten wurde. Sein ursprüngliches Ethos stünde jedoch im Einklang mit allen spirituellen Traditionen: *Jeder soll nach seinen Möglichkeiten geben, und jeder soll entsprechend seinen Bedürfnissen bekom-*

men. Mit anderen Worten, wir alle müssen entsprechend unseren Begabungen und Kräften der Gesellschaft etwas geben, dafür werden wir von ihr zurückbekommen, was unseren Bedürfnissen entspricht.

In der *Edda,* der religiösen Schrift unserer nordeuropäischen Vorfahren, wird uns gesagt, daß jedes menschliche Wesen von Wert ist und der Gesellschaft etwas bieten kann; ob wir körperlich leistungsfähig oder schwach sind, welcher Art auch immer unsere Unfähigkeiten sein mögen, wir können immer etwas beitragen:

Ein Lahmer kann reiten; ein Handloser Vieh hüten,
Ein Tauber kann ein guter Krieger sein.
Besser blind, als auf dem Scheiterhaufen brennen;
niemand bedarf eines Toten.

Hávamál, *Die Edda,* Vers 66

Dies ist eine Philosophie des Optimismus und der Hoffnung, die uns trösten kann, wenn wir uns am unwürdigsten fühlen, am wenigsten zu bieten haben, zutiefst verzweifelt sind.

Ausgeglichenheit und Harmonie

Ausgeglichenheit und Harmonie sind Schlüsselworte zum Verständnis des Paganismus. Nichts, was das Maß überschreitet, ist gut. Wir müssen lernen, jede unserer Eigenschaften wirkungsvoll einzusetzen – am richtigen Ort. Sicher werden wir gelegentlich versagen, manchmal sogar auf schlimme Weise. Niemand weiß auf alle Fragen eine Antwort, und beim Bemühen, sie zu finden und den Herausforderungen des Lebens zu genügen, gehen wir oft in die Irre. Wir alle versagen an verschiedenen Punkten unseres Lebens und erliegen den üblichen menschlichen Schwächen und Täuschungen. Wir geben unseren weniger erfreulichen Impulsen nach und tun

Dinge, die andere verletzen und ihnen schaden. Manchmal passiert dies sogar mit Absicht, ein andermal aus Unwissenheit und Gedankenlosigkeit. Was geschieht, wenn wir versagen? Schuldgefühle, Bedrückung und Schläge an die Brust nützen nichts. In der *Edda* gibt Gott Odin diesen Rat.

> Nur der Dummkopf liegt nachts wach und quält sich mit diesem und jenem. Matt ist er, wenn der Morgen anbricht, und alles ist wie zuvor.
>
> Hávamál, *Die Edda*, Vers 48

Zuerst müssen wir hinnehmen, daß wir alle nicht vollkommen sind – bei weitem nicht. Das bedeutet eine Herausforderung, denn es verlangt von uns, mit einem Bild von uns selbst zu leben, das sich von dem, was wir uns wünschen würden, sehr unterscheidet. Über dem Eingang eines antiken griechischen Mysterientempels stehen die Worte: ›Erkenne Dich Selbst‹. Das bedeutet die Erkenntnis, daß tief in unserem Inneren ein göttlicher Funke lebt, Teil des größeren Göttlichen, zu dem wir schließlich zurückkehren werden. Dieser göttliche Funke ist umgeben von Schichten des Unrats, angesichts dessen wir alle gern so tun würden, als habe er mit uns gar nichts zu tun.

Uns selbst zu erkennen bedeutet, in bezug auf uns selbst und andere realistisch zu sein. Wir alle irren uns gelegentlich. Wenn das passiert, müssen wir uns selbst verzeihen und von vorne anfangen. Um das zu können, müssen wir danach trachten, das Gleichgewicht wiederherzustellen, und für das, was wir genommen oder falsch gemacht haben, etwas zum Ausgleich zurückgeben. Das kann möglicherweise nicht direkt erfolgen. Das, was wir getan haben, kann nicht immer ungeschehen gemacht werden. Trotzdem können wir versuchen, das Gleichgewicht dadurch wiederherzustellen, daß wir positive Energie und positive Handlungen da einsetzen, wo wir zuvor Negatives eingebracht haben. Das muß nicht immer zur selben Zeit oder am gleichen Ort oder für die gleichen Menschen geschehen, aber im Großen gesehen kann so die Balance wiedererlangt werden.

Ein Weg zu einem ausgeglichenen und harmonischen Leben ist, sich in Aufrichtigkeit und Wahrheitsliebe zu üben. Beide stellen im Paganismus wichtige Maximen dar. Die *Edda* lehrt folgendes:

> Rinder sterben, Angehörige sterben; du selbst wirst sterben. Aber die Ehre derer, die einen guten Namen erworben haben, stirbt niemals.
>
> Hávamál, *Die Edda*, Vers 68

Starke Gemeinschaften basieren auf Vertrauen, Ehrenhaftigkeit und Ehrlichkeit. Lügen, Betrügen und Stehlen schaffen Mißtrauen und eine Atmosphäre der Täuschung, die das Gewebe einer solchen Gemeinschaft zerstört. Unsere keltischen Vorfahren glaubten, daß die Natur selbst Zeugin unserer Wahrhaftigkeit sei und sich gegen uns wenden würde, wenn wir vom Weg der Harmonie und Ausgeglichenheit abwichen, der Wahrhaftigkeit voraussetzt. Die Kelten, die mit dem mazedonischen Eroberer Alexander dem Großen kämpften, schworen ihm am Vorabend der Schlacht:

> Wenn wir uns in diesem Kampf nicht bewähren,
> möge der Himmel herabstürzen und uns zermalmen,
> möge sich die Erde auftun und uns verschlingen,
> möge das Meer bersten und uns ertränken.

Tausend Jahre später schworen in dem Epos ›Tain bo Cualigne‹ (Der Braune Stier von Quelgny) die Männer aus Ulster ihrem König fast denselben Eid:

Über uns ist der Himmel,
unter uns ist die Erde
und um uns das Meer.
Nie werden wir zurückweichen,
es sei denn, der Himmel mit seinen Sternen stürzt
herab auf den Boden, auf dem wir lagern,
es sei denn, ein Erdbeben zerreißt die Welt,
oder die Wogen des blauen Meers
ergießen sich über die Wälder der lebenden Erde.

Wenn wir uns an unser Wort, unsere Ehre und die Wahrheit halten, wird uns die Welt der Natur segnen und behüten. Wir tragen dann auch dazu bei, daß sich die Menschheit zu einer Einheit entwickeln kann. Jedes menschliche Wesen ist wie eine Welle im großen Ozean der Kollektivseele des menschlichen Geschlechts. Negative Gedanken, Worte und Taten wirken wie Schadstoffe in diesem gewaltigen Ozean des Seins. Sie schaden anderen, und sie schaden und vergiften uns selbst. Die Metapher des Ozeans verdeutlicht uns auch, daß wir getrennt voneinander schwach, aber in gemeinschaftlichen Aktionen mit anderen stark sind. Eine einzelne Welle verliert sich am Ufer und versickert im Sand, ohne eine Spur zu hinterlassen; aber die Kraft des Ozeans höhlt den härtesten Granitfelsen aus.

Um ein ausgeglichenes Dasein zu führen, müssen wir auch unsere Lebenspraxis in Betracht ziehen. Die ›Rechte Lebensweise‹ ist ein buddhistischer Ausdruck, aber er gilt gleichermaßen für Paganen.

Die Ziele einiger multinationaler Unternehmen und deren die Umwelt belastenden Aktionen sind nicht mit dem Ethos des Paganismus vereinbar. Das soll nicht heißen, daß Paganen nicht in der Geschäftswelt tätig sind. Im Gegenteil, je mehr, desto besser – aber Paganismus stellt den Profit nicht über alles andere. Langfristige Überlegungen wie zum Beispiel ökologisches

Bauen, die Gesellschaft und der Fortbestand unseres Planeten an sich samt dem Erhalt so vieler seiner Spezies wie nur möglich – in der Vielfalt liegt Kraft und Schönheit – sind wichtiger.

Abgesehen davon, die Definition der ›Rechten Lebensweise‹ eines Paganen kann sich von der eines anderen unterscheiden. Viele Paganen sind beim Militär. Umgekehrt gehörten in den siebziger und achtziger Jahren Kampagnen für Frieden und gegen nukleare Aufrüstung zu den Hauptanliegen des Paganismus. Ungefähr die Hälfte der paganen Gemeinschaft lebt vegetarisch. Andere ziehen ihre eigenen Tiere auf, um sie zu schlachten. Dies alles sind sehr emotionsgeladene Fragen innerhalb der Gemeinschaft und stellen einen Toleranztest dar. Derartige Spannungen lehren uns, unsere Motive und die Moralität unserer Handlungen zu prüfen und in Frage zu stellen, häufig im Licht des Hauptprinzips: Was wird zur Steigerung des Guten beigetragen? Jeder Zustrom neuer Gruppen zu unserer Bewegung wirft neue moralische Probleme auf und gibt Anstoß zur kritischen Selbstbetrachtung und eventuellen Neudefinition des eigenen Paganismus.

Es gibt Dinge, die wir gut und richtig finden, und andere, die wir für schädlich und zerstörerisch halten. In vielen Religionen wird dies in ›das Gute‹ und ›das Böse‹ oder ›die Sünde‹ eingeteilt. Solche Begriffe werden im Paganismus wenig verwendet. Der Nachdruck liegt dort nicht auf Sünde, sondern auf Ethik, auf dem Erlernen grundlegender Prinzipien, mit deren Hilfe wir unsere eigenen Gedanken und Taten beurteilen können. Das Böse wird im Paganismus allgemein nicht als etwas gesehen, das von den kosmischen Mächten des Universums stammt, sondern von den Aktionen menschlicher Wesen. Die Selbsttäuschungen, die für die Menschheit typisch sind und sie abhalten, die göttliche Realität um sie herum zu erkennen, trüben ihr Urteilsvermögen. Wir lernen, klar zu sehen, wenn wir uns täglich selbst fragen, ob unsere Gedanken, Taten,

Worte, Gefühle mit der paganen Ethik des ›Tu das, was du willst, solange es niemandem schadet‹ im Einklang stehen.

Die meisten Paganen würden noch darüber hinaus gehen: Das Böse darf nicht ungehindert stattfinden. Toleranz ist ein wichtiger Aspekt des Paganismus, aber das bedeutet nicht, das Böse zu tolerieren. Mißbrauch der Amtsgewalt, Unterdrückung eines Teils der Bevölkerung durch einen anderen, religiöse und politische Regime, die das fördern, sind unrecht. Es ist wichtig, daran zu erinnern, daß Demokratie eine Erfindung von Paganen, nämlich der alten Griechen war. Autoritäre Religionen neigen dazu, autoritäre politische Regime zu unterstützen, die Rassismus, Sexismus und Unterdrückung Andersdenkender praktizieren. Derartige Symptome treten vor allem auf, wenn eine Religion den Staat unter Kontrolle hat. Die Prinzipien des Paganismus stehen im Einklang mit einem weltlichen Staat, in dem alle demokratische Rechte und religiöse Freiheit haben, während zugleich sichergestellt ist, daß in den betreffenden Religionen ihren Mitgliedern das grundlegende Recht auf menschliche Selbstbestimmung nicht streitig gemacht wird. Um einen solchen Staat zu schaffen, müssen Möglichkeiten für Kommunikation und friedliche Proteste vorhanden sein. Systeme, die zulassen, daß die Medien von bestimmten Religionen, politischen und industriellen Interessen dominiert werden und gewöhnliche Menschen daran hindern, einer der herrschenden Politik entgegengesetzten Meinung Ausdruck zu verleihen, stimmen nicht mit der Maxime ›solange es niemandem schadet‹ überein, denn sie mißachten die legitimen Belange des Volkes.

Leben und Tod

Die Ethik des Paganismus ist Bestandteil der paganen Auffassung von Leben und Tod. Der Paganismus unterscheidet sich in seiner Haltung gegenüber der Schöpfung von vielen anderen Religionen. Wenn die Natur eine Offenbarung des Göttlichen und das Leben auf der Erde eine Freude und ein Geschenk ist, können wir uns mit der Gottheit in diesem wie im jenseitigen Leben eins fühlen.

Das ist nicht immer einfach. Wir haben oft Schwierigkeiten, uns mit der Tatsache zu versöhnen, daß es im Leben häufig unfair zugeht. Wie erfreulich auch unsere eigenen Lebensverhältnisse sein mögen, es gibt immer andere, die erfolgreicher sind, schönere Häuser und Wagen, interessantere und höher bezahlte Jobs, wohlerzogenere und liebevollere Kinder haben, besser aussehen und in sexueller Hinsicht attraktiver sind als wir. Der Mensch hat die Neigung, sich dadurch selbst unglücklich zu machen, daß er konstant das sieht, was er selbst nicht hat, statt das zu genießen, was er hat. Der Paganismus konzentriert sich darauf, das Leben selbst und das Geschenk des Bewußtseins – eines der größten Wunder des Kosmos – zu genießen und zu feiern. Es besteht keine Notwendigkeit, unserer Erde zu entfliehen, um in eine immaterielle Seligkeit einzugehen. Wir sollten für unsere irdische Inkarnation dankbar sein und sie wie ein Fest feiern.

Das Leben wird durch den Tod ausgeglichen. Was glauben Paganen nun wirklich bezüglich des Todes? Die meisten paganen Überlieferungen basieren auf der Reinkarnation: Unser Leben auf Erden stellt eines von vielen dar, und sein Sinn besteht darin, zu lernen und sich weiterzuentwickeln. Reinkarnation wird häufig als ausschließlich östliche Lehre angesehen, aber das stimmt nicht. Die Druiden lehrten die Seelenwanderung – daß also die Seele nach dem Tod wieder inkarniert. Andere, die der nordisch-germanischen Überlieferung anhängen, glauben, daß wir nur einmal geboren werden. Wieder andere sind der Überzeugung, daß Individuen, die durch Blutsbande und Liebe miteinander verbunden sind, erneut geboren werden, um sich wieder zu treffen. Spuren von beiden Glaubensformen finden sich in der nordeuropäischen Literatur. Zu welcher Entscheidung wir bezüglich einer Reinkarnation kommen, ist unsere persönliche Sache. Doch es ist wichtig, darauf hinzuweisen, daß in vorchristlicher Zeit die Reinkarnationslehre in den Glaubensformen weit verbreitet war. Hinweise darauf finden sich in den Mythen aller europäischen Völker und in gewissen Strömungen des Urchristentums. Möglicherweise gäbe es noch weit mehr Belege für die Reinkarnationslehre, wären sie nicht von späteren Chronisten, die ihr keine Sympathie entgegenbrachten, übergangen worden.

In der irischen Mythologie gibt es die schöne Geschichte von Etain, die als die Frau von Eochy, dem großen König von Irland, reinkarniert. Ihr voriger Ehemann, der in der jenseitigen Welt weilt, kommt zurück, um sie zu finden, und bittet sie, mit ihm zusammen ins Jenseits zurückzukehren – nach Tir na n'Og, dem Land der Jugend, auch die ›Große Ebene‹ genannt. Für die Kelten gab es in Tir na n'Og nichts zu fürchten.

Oh, Frau mit dem hellen Haar,
willst du mit mir kommen
in das herrliche Land voller Musik,
in dem das Haar gelb ist wie die Farbe der Primeln
und die Haut weißer als Schnee?
Dort kennt keiner des Wort ›mein‹ oder ›dein‹ –
weiß sind die Zähne und schwarz die Brauen;
Augen funkeln in vielfarbenem Licht,
und die Wangen schimmern rosig wie der Fingerhut.

Erfreulich anzusehen sind die Ebenen Erins.
Aber vergleichst du sie mit der Großen Ebene,
so scheinen sie wie eine Wüste.
Berauschend ist das Bier von Erin,

doch noch berauschender ist das der Großen Ebene.
Und daß die Jugend sich nicht zum Alter wandelt,
ist eines der Wunder in diesem Land.
Ruhig und schön wird es von den Bächen durchflossen;
Met und Wein gibt es im Überfluß.
Freundlich sind dort die Männer alle und ohne Makel,
die Frauen empfangen ohne Sünde.
Wir können alles sehen, was um uns ist,
doch keiner sieht uns.
Die Wolke von Adams Sünde verbirgt uns vor ihren Blicken.

Oh, Herrin, kommst du mit mir zu meinem starken Volk,
so wird pures Gold dein Haupt schmücken –
Fleisch wirst du ungesalzen essen,
frische Milch und Met wirst du dort mit mir trinken,
Oh, Frau mit dem hellen Haar.

Nicht alle Paganen glauben, daß sie wieder als Individuen leben werden. Viele sind der Ansicht, daß der Kern ihres Wesens unsterblich ist und sich neues Leben aus ihm bildet, aber dies geschieht mehr in Form von Materie, die aufgelöst und neu verwendet wird. Sie erwarten nicht, sich an frühere Inkarnationen zu erinnern, sondern sehen jedes Leben als einmalige Erfahrung an.

Manche Paganen, die an persönliche Reinkarnation glauben, haben ähnliche Vorstellungen wie die Anhänger der Lehre vom Karma: Unser Leben wird beeinflußt durch unser Verhalten in vergangenen Leben. Logisch gesehen liegt das nahe – der alte Spruch von den Hühnern, die immer wieder auf ihre Stange zurückkehren, spiegelt diese Vorstellung wider. Paganen, die an Reinkarnation glauben, können durchaus der Ansicht sein, daß sie mit dem Erbe eines aus den vergangenen Leben angesammelten Karmas geboren werden. Das ist die Konsequenz unserer Taten vor dieser Geburt. Obwohl die Lebenskraft und der Funke in unserem Inneren, der Teil von ihr ist, bestehen bleibt, sich umwandelt und neues Leben schafft, glauben andere Paganen, daß sozusagen reiner Tisch gemacht worden ist und wir die Vergangenheit nicht mit uns herumtragen.

Was für ihn die Wahrheit ist, muß der Einzelne aus seiner eigenen Erfahrung und Logik heraus entscheiden. Es ist kein Thema, über das andere Urteile abgeben sollten. Viele der Vorstellungen über Vergeltung für Sünden und angehäuftes Karma können dazu beitragen, daß wir uns in der Gegenwart verantwortungsbewußter verhalten. Sie wirken etwa wie ein Schäferstab, der uns in die richtige Richtung weist. Der Paganismus neigt allerdings eher zur vorgehaltenen Karotte als zum Stock – also mehr zur Belohnung als zur Strafe: Wenn wir uns in ethischer Hinsicht einwandfrei verhalten und dies den Menschen um uns herum zugute kommt, werden wir in unmittelbarer Gegenwart ein glücklicheres und erfüllteres Leben führen.

Das waren nun einige Glaubensformen des Paganismus. Wer sind nun die heutigen Paganen?

III
Die pagane Gemeinschaft

Jedem, der eine Versammlung von Paganen besucht, fällt zunächst einmal die Vielfalt dieser Gemeinschaft auf. Als ich einmal mit einer Paganengruppe aus London im Steinkreis von Avery umherwanderte, nahm ich zu meiner Überraschung wahr, daß alle Leute uns anblickten. Als ich mich umdrehte und unsere Gruppe betrachtete, die sich zwischen den Steinen ihren Weg suchte, begriff ich, warum. Nicht, daß irgendein einzelner ungewöhnlich ausgesehen hätte, aber es war eben die Kombination aus älteren englischen Damen mit Spazierstöcken, Männern mittleren Alters in Sportjacketts, jungen Burschen in Lederjacken mit Schmuck in einem Nasenflügel und Doc-Marten-Stiefeln, Familien, die Babys trugen, Hippies, deren Kleiderstil sich seit 1972 nicht verändert hatte, Männern mit Pferdeschwänzen, Menschen beiderlei Geschlechts mit gefärbtem Haar, Dauerwelle oder kahlgeschoren ... Ja, insgesamt gesehen waren wir wirklich ein ungewöhnlicher Haufen.

Für Paganen fortgeschrittenen und auch mittleren Alters stellt es oft eine große Erleichterung dar, daß der Paganismus nicht ausschließlich eine Jugendbewegung ist. In Europa zumindest gibt es einen Stamm von älteren Leuten, die schon vor dem Zweiten Weltkrieg praktizierende Paganen waren. Doch erst in den siebziger Jahren begann die Bewegung einen gewaltigen Aufschwung zu nehmen. Das könnte bedeuten, daß es sich in erster Linie um eine jugendliche Gemeinschaft handelt, aber das ist nicht der Fall. In manchen Phasen ihres Lebens, wenn sie genügend Anlaß haben, über sich und ihren zukünftigen Weg nachzudenken, neigen Menschen dazu, sich der Spiritualität zuzuwenden. Das kann sein, wenn sie kleine Kinder aufziehen, ihnen ethisches Verhalten und einen spirituellen Rahmen aufzeigen wollen, an dem sie sich orientieren können. Dies kann dann auch der Zeitpunkt sein, zu dem sie realisieren, daß sie in ihrem eigenen Leben die spirituellen Aspekte vernachlässigt haben und etwas dafür tun sollten. Oft jedoch setzen sich Menschen mit ihrer Spiritualität in jungen Jahren oder in der zweiten Lebenshälfte auseinander, wenn sie mehr freie Zeit haben, um sich diesen »Luxus« zu leisten.

Die meisten Paganen treffen sich während des Jahres bei verschiedenen Gelegenheiten, um sich mit Menschen gleicher Gesinnung zusammenzutun und ihre Gedanken auszutauschen. Das muß nicht notwendigerweise mit religiösen Zeremonien verbunden sein. Häufig werden bei solchen Treffen Ideen diskutiert, und die Menschen kehren dann wieder zu ihren eigenen Tempeln, Hainen oder Altären zurück, um die Götter zu ehren. Während in den meisten religiösen Gruppierungen der Hauptkontakt zwischen ihren Mitgliedern in Versammlungen zum Zweck der Andacht stattfindet, kommen Paganen häufig in Sommerlagern, Winterkonferenzen und – vor allem in Britannien – in Kneipen zusammen, wo sie bei einem Glas Bier diskutieren. In einer Kneipe zu religiösen Inspirationen zu gelangen mag auf diejenigen, die an eine strengere religiöse Praxis gewöhnt sind, befremdend wirken, aber der Paganismus ist nicht fromm in dem Sinn, daß die Religion – wie in den letzten Jahrtausenden üblich – in eine Zwangsjacke gesteckt wird.

Paganismus der Familien

Bis vor kurzem fanden die Menschen häufiger ihren eigenen Weg zum Paganismus, als daß sie in paganen Familien aufgewachsen wären. Dies bedeutete, daß pagane Feiern eher auf Erwachsene als auf Kinder ausgerichtet waren. Das ändert sich nun, da mehr Menschen ihre Kinder als Paganen erziehen.

Kleinere Kinder in den Paganismus einzuführen fällt relativ leicht. Viele von ihnen sind von Natur aus Paganen und mögen Rhythmen, Zyklen, Feiern und spezielle Bräuche, Mahlzeiten und Spiele für besondere Tage. Paganismus kann ohne jede Frömmelei vermittelt werden, indem man einen Altar im Haus hat und den Kindern erlaubt, ihn der Jahreszeit entsprechend zu schmücken. Einmal am Tag Weihrauch oder Kerzen als Opfer für die Götter zu entzünden ist eine sehr einfache Ausdrucksform für unsere Verbindung mit dem Göttlichen, die trotzdem für Paganen jeden Alters sehr sinnträchtig ist. Allmählich erscheinen auch immer mehr nützliche Bücher – obwohl noch mehr gebraucht würden –, die bei der Erziehung paganer Kinder hilfreich sind.

Pagane Gruppen

Der Paganismus lehrt, daß wir für uns selbst verantwortlich sind. Das heißt, daß wir auch für unsere eigene spirituelle Entwicklung zuständig sind. Andere, die den gleichen Weg beschreiten, können uns Wissen und Rat vermitteln, und vor allem pagane Traditionen können uns unterstützen und helfen, aber letzten Endes müssen wir zu unseren eigenen Lehrern und Führern werden.

Der Paganismus hat keine zentrale Kontrollbehörde, keinen Papst, keine Bischöfe oder Imams, die religiöse Todesurteile aussprechen oder über andere Methoden des religiösen

Totalitarismus verfügen. Es gibt jedoch eine Reihe paganer Organisationen, die vorwiegend aus freiwilligen Helfern bestehen und Informationen weitergeben und Netzwerke bilden. Diese Organisationen können auch Zeitschriften herausgeben und pagane Veranstaltungen wie Jahresversammlungen, Konferenzen, jahreszeitliche Feiern oder Workshops bekanntgeben.

Die Hauptorganisationen in Europa sind ›The Pagan Federation‹, geleitet von einem demokratisch gewählten Komitee, und die ›Fellowship of Isis‹. In Australien und Neuseeland ist die ›Pan-Pacific Pagan Alliance‹ die Hauptorganisation. Bisher gibt es in Nordamerika noch keinen allgemein zuständigen Verband, aber mehrere Gruppen in den verschiedenen Landesteilen. Außerdem existieren große Organisationen, die ihrerseits Gruppen verschiedener paganer Richtungen vertreten, so zum Beispiel Druidentum, Wicca, Odinismus/Asatru oder den Paganismus bestimmter ethnischer Gemeinschaften.

Paganen glauben, daß diejenigen, welche dazu bestimmt sind, allein ihren Weg zu den alten Altären der Götter finden – vorausgesetzt, es gibt Wegweiser von denen, die diesen Weg schon vorher eingeschlagen haben. Paganen verlassen sich auf die Bücher, Zeitschriften und Informationen ihrer Gemeinschaften, die alle ansprechen, deren Herzen offenstehen, und versuchen nicht, an Straßenecken Leute zu bekehren. Ebensowenig folgen die Mitglieder paganer Organisationen einem bestimmten religiösen Führer (zumeist männlichen Geschlechts), der den einzigen zuverlässigen Zugang zum letzten Raumschiff vor der Apokalypse, das Elixier für ewige Jugend, den Schlüssel zu unbegrenztem Reichtum oder die ›einzig wahre‹ Offenbarung des Göttlichen kennt. Derartige Gurus bevorzugen im allgemeinen zur Tarnung eine christliche oder New Age Fassade. Paganen neigen zu einem Individualismus, der nicht bereit ist, derartigen Lehren zu folgen.

Niemand ist gezwungen, einer entsprechenden Organisation beizutreten, um Pagane zu sein, obwohl viele das tun. Wir treffen uns gern mit anderen, um gemeinsam zu feiern und Andachten zu halten, zu lernen und unsere Gedanken auszutauschen. Trotzdem, wir brauchen keine Zeremonie und müssen nicht ›gerettet‹ werden, denn es gibt nichts, wovor man gerettet werden muß. Wir müssen uns nur in unseren Herzen ernsthaft den alten Gottheiten unseres Landes und seiner Menschen anvertrauen und ihnen allein verkünden, daß wir zu ihnen gehören.

Manche paganen Traditionen und Gruppen sind sehr stark strukturiert, und man wird dort durch eine Einweihung, Einführung, Initiation oder eine andere Zeremonie aufgenommen. Diese Riten stellen nur Zugänge zu ihren eigenen Überlieferungen und Gruppen dar. Wir können auch ohne diese Zeremonien Paganen sein.

Paganen können häufig allein ihre Andacht halten, entweder aus Notwendigkeit oder freier Entscheidung heraus. Die, die regelmäßig in Gruppen zusammenkommen, werden sich auch oft für soziale, umweltbezogene und aufklärende Aktionen engagieren. Andere sind auf familiären Paganismus eingestellt; wieder andere tendieren zu Paganen, die es vorziehen, ihre Verehrung in gleichgeschlechtlichen Gruppen kundzutun, und manche Gruppen sind für Erwachsene da, die einen Weg der Einweihung suchen. Paganen können zu mehr als einer dieser Gruppen gehören.

In Britannien und vielen anderen Ländern hat sich während der achtziger und neunziger Jahre eine evolutionäre Wandlung vollzogen. Zuvor kamen die meisten über eine spezifische pagane Strömung – zumeist Wicca, Druidentum oder nordische Tradition – zum Paganismus. Sie identifizierten sich in erster Linie mit ihrer eigenen Tradition und dann erst mit der paganen Gemeinschaft als Ganzes. Dies hat sich nun geändert. In Europa betrachten sich fünfzig Prozent der Mitglieder der ›Pagan Federation‹ als mehr zum Paganismus im allgemeinen zugehörig als zu einer spezifischen paganen Glaubensform. Dies hat das Wachstum einer gesunden und eklektischen paganen Traditionslinie ermöglicht, die in ihrer Entwicklung durch Mitglieder der spezifischen paganen Richtungen begünstigt wurde, die erkannt haben, daß ihr eigener Weg nicht für alle, die Paganismus praktizieren wollen, gangbar ist. Die große Zahl der ›offenen‹ Paganen hat zu einem Wachstum der auf breiter Grundlage basierenden paganen Organisationen und zur Zunahme von offenen, durch die Jahreszeiten bestimmten Festivals geführt, wo die Anhänger der spezifischen Traditionen gemeinsam mit denen, die sich einfach als ›Paganen‹ bezeichnen, die Götter verehren.

Auf Grund der umfangmäßigen und geographischen Probleme gab es in den USA größere Schwierigkeiten, eine das gesamte Land umfassende pagane Dachorganisation zu schaffen, und bis jetzt existiert sie auch noch nicht. Eine allgemein eher eklektische Einstellung hat zudem mit sich gebracht, daß Wicca und Druidentum in den Staaten Platz für ein breiteres Spektrum von Paganen bieten konnten als die entsprechenden Organisationen in Europa.

Der Wunsch nach Organisationen mit toleranterer paganer Einstellung hat sich daher langsamer entwickelt. Wie groß sind nun die Unterschiede zwischen den verschiedenen Richtungen des Paganismus?

Im Druidentum und in der nordischen Tradition werden verschiedene Gottheiten verehrt, wobei ersteres auf die keltischen und letztere auf die germanischen und skandinavischen Götter ausgerichtet ist. Zwischen diesen Traditionslinien bestehen jedoch Ähnlichkeiten, da beide glauben, daß ihre Gottheiten sich in der Natur manifestieren; beide haben Göttinnen und Götter, beide praktizieren Weissagung und Magie, in beiden spielen ökologische Wertvorstellungen eine große Rolle, und beide neigen dazu, festgefügte Gruppen zu bevorzugen.

Das Ethos verschiedener paganer Strömungen kann aus der Terminologie abgeleitet werden, mit der die jeweiligen Gruppen beschrieben werden. Im Druidentum werden die kleinen Gruppen oft als ›Haine‹ (englisch: ›groves‹) bezeichnet, ein Wort, das vermittelt, welche Wichtigkeit der Natur und heiligen Bäumen dort beigemessen wird. In der nordischen Tradition wird eine Gruppe oft ›Herdfeuer‹ (englisch: ›hearth‹) genannt. Die Feuerstelle war das Zentrum des Heims im nördlichen Europa, das Wort gibt Aufschluß über den Wert der Familie und Sippe in diesem Kulturkreis. Wicca- und Hexen-Gruppen werden ›covens‹ genannt, ein Wort, das von ›convene‹ (sich versammeln) abgeleitet wird, das wiederum mit ›convent‹ (Kloster, Konvent) zusammenhängt. Ein ›convent‹ ist ein abgelegener Ort, der ausschließlich der Vereinigung mit dem Göttlichen gewidmet ist.

Die ›Haine‹ setzen sich im allgemeinen aus Mitgliedern einer Druidengemeinschaft zusammen und die ›Herdfeuer‹ aus denen der Asatru oder odinistischen Organisationen. Die Wicca- und Hexenbewegung ist anders orientiert, da sie im allgemeinen in kleinen autonomen Gruppen und weniger in größeren Organisationen arbeitet, obwohl es in den Vereinigten Staaten Dachorganisationen gibt. Wicca hat eine gewisse Ähnlichkeit mit dem Druidentum, da es dort, was die Gottheiten betrifft, eine – nicht ausschließliche – keltische Orientierung gibt. Da, genaugenommen, der Schwerpunkt bei der Wicca- und Hexenbewegung auf der Verehrung der Göttinnen und Götter des Landes liegt, ist es möglich, sich an keltische oder nordische Gottheiten zu wenden, je nach Wohnort und persönlicher Neigung.

Kleidung

Im Alltag kleiden sich Paganen im allgemeinen nicht auf besondere Weise, aber unter Umständen tragen sie einen charakteristischen Schmuck, so wie Juden einen Davidstern oder Christen ein Kreuz. Viele Paganen tragen Anhänger oder Ringe keltischen, nordischen, ägyptischen oder geheimen Ursprungs, die auf ihre Mitgliedschaft hinweisen. So werden die der nordischen Tradition anhängenden Paganen (Odinismus, Asatru) möglicherweise das Symbol des Hammers von Thor bevorzugen. Das dreigliedrige Triskell ist bei denjenigen verbreitet, die die keltischen Götter verehren, das Pentagramm, ein fünfzackiger Stern, bei den Anhängern der Hexenbewegung und der Ankh bei denen, die die ägyptischen Götter anbeten, und auch in der Wicca-Bewegung.

Ein Hinweis auf den jeweiligen Schwerpunkt der Paganen findet sich in der rituellen Kleidung. Bei den entsprechenden Anlässen erscheinen manche in Alltagskleidung, andere tragen spezielle Gewänder. Manche Mitglieder der Hexenbewegung vollziehen Teile ihrer Riten nackt, um damit ihre Rückkehr in die Welt der Unschuld zu symbolisieren. Der Umfang, in dem eine spezielle Gewandung angelegt wird, spiegelt die Einstellung der jeweiligen paganen Tradition wider – ob sie mehr nach außen hin auf Familie und Leben in der Gesellschaft oder nach innen hin auf persönliche spirituelle Entwicklung ausgerichtet ist. Also führen Druidentum und Asatru ihre Riten entweder in entsprechenden Gewändern oder Alltagskleidung aus, während Anhänger der Hexenbewegung größtenteils Gewänder tragen oder gar nichts anhaben.

Man legt deshalb eine bestimmte Art der Kleidung an, weil man bei einem religiösen Ritus ein Reich betritt, das sich – wenn auch nicht völlig – von der Welt des Alltags unterscheidet. Wicca-Anhänger beschreiben häufig, daß ihre Riten ›zwischen den Welten‹ oder ›zwischen dem Reich der Menschen und dem Reich der Mächtigen‹ stattfinden. Die Mächtigen sind verehrte, lang verstorbene Vorfahren. Eine ähnliche Bezeichnung, ›Machtvolle Kräfte‹, findet sich in gleicher Bedeutung in den Texten der *Edda*.

Paganes Priestertum

Im Paganismus bezieht sich das Wort ›Priester‹ oder ›Priesterin‹ auf jemand, der eine rituelle Funktion übernommen hat. In den meisten Überlieferungen soll das Ziel für alle Erwachsenen sein, in ihren Gemeinschaften die Aufgaben eines Priesters oder einer Priesterin zu erfüllen, es sei denn, sie wünschen das nicht. Ein paganer Priester oder eine Priesterin spielen eine Rolle bei der Organisation jahreszeitlicher Riten, Übergangsriten, und bei der Vermittlung von traditionellem und modernem paganem Wissen an Neulinge. Es können auch – freiwillig – einige der sozialen Funktionen übernommen werden, die bei anderen Religionen mit dem Priestertum verknüpft sind.

Pagane Gemeinschaften unterscheiden sich von der Art ihrer Organisation und vom Ausmaß her, in dem sie Aufgaben sozialer Arbeit und spiritueller Begleitung übernehmen wollen. Diese Form der Aktivität wächst jedoch, und es entspricht paganem Ethos, Hilfe zu leisten, wenn man darum gebeten wird. Daraus ist, vor allem in Britannien, den USA und Kanada, eine ›weltliche‹ Geistlichkeit entstanden. Viele Menschen wenden sich einer Religion zu, um dort Trost, einen Sinn und eine Bedeutung ihres Daseins und zudem Hilfe bei der Planung ihrer Zukunft zu finden. Menschen, die im Gefängnis sitzen, haben Zeit, über die Fehler und die Zusammenhänge nachzudenken, die sie dorthin gebracht haben, und entscheiden sich dann vielleicht dafür, eine bessere Lebensphilosophie und -praxis zu entwickeln. In manchen Fällen haben sich Gefängnisinsassen dem Paganismus zugewandt, und Gefängnisbehörden haben sich ihrerseits an die pagane Gemeinschaft gewandt, um diesen Neulingen dabei zu helfen. In anderen Fällen haben sich erfahrene Paganen in Krankenhäusern und studentischen Gruppen engagiert, weil andere Mitglieder der Gemeinschaft sie in kritischen Situationen um Hilfe gebeten hatten – um Beratung oder Führung auf dem Weg des Paganismus oder Hilfe bei der Gestaltung jahreszeitlicher oder anderer Feiern.

Techno-Paganismus

Von der Ökologie zum Internet scheint es ein weiter Bogen zu sein, aber der Paganismus ist in jeder Hinsicht eine sehr moderne Religion. Sie mag als eine Wiederbelebung der Lebensweise unserer Vorfahren gedacht sein, dennoch finden wir Paganen, die ihren Göttern huldigen, keineswegs nur auf Waldlichtungen. Einige der Orte, an denen Paganen andere Paganen treffen, sind Musikfestivals oder das Internet.

Paganismus per Computer mag eine seltsame Vorstellung sein, aber die pagane Gemeinschaft ist eine der religiösen Gruppierungen, die mit der Computertechnik bestens vertraut sind. Spezialisten im Bereich Informationstechnologie bilden beruflich gesehen die größte Gruppe des Paganismus. Die Frage, warum er gerade auf diese Berufsgruppe eine solche Anziehungskraft ausübt, scheint schwierig zu beantworten zu sein. Einer der Gründe ist sicher, daß beide Welten intelligente Individualisten interessieren, die vorgegebene Meinungen in Frage stellen. Es gibt jetzt Informationsplattformen, über die Paganen weltweit Ansichten und Nachrichten austauschen können.

Schamanismus und ›Anarcho-Paganismus‹

Einige Paganen würden sich selbst als ›Schamanen‹ bezeichnen. Schamanen waren in Stammesgruppen diejenigen, die Zugang zum Jenseits und zu anderen Bewußtseinsstufen hatten. In älteren Gesellschaftsformen wurden die Ursachen für Krankheiten und Probleme der Gemeinschaft und der Individuen nicht nur auf materieller, sondern auch auf übersinnlicher Ebene, zum Beispiel im Geistwesen, vermutet. Die Aufgabe des Schamanen war, die riskante Reise ins Jenseits anzutreten, um die Gründe herauszufinden und alles in Ordnung zu bringen. Das konnte die Jagd auf ein Tier aus der Geisterwelt bedeuten, das das Opfer tyrannisierte, oder auch die Befreiung des Opfers von einem Ahnengeist, von dem es besessen war.

Um in die jenseitige Welt einzudringen, wandten Schamanen spezielle Techniken der Bewußtseinsveränderung an. Diese umfaßten Trommeln in einem bestimmten Rhythmus, der einen Trancezustand auslöst und außerkörperliche Erfahrungen ermöglicht, Fasten und die Einnahme von aus Pilzen und Pflanzen gewonnenen Halluzinogenen. Viele Menschen, die heute mit Halluzinogenen und weichen Drogen experimentieren, stellen fest, daß dadurch Wahrnehmung und Bewußtsein in einer Weise verändert werden können, die erhöhte Erkenntnisfähigkeit, Synästhesie – wobei man Geräusche sehen und Farben hören kann – und Visionen umfaßt. Diese Visionen gleichen vom Inhalt häufig denen, die Schamanen und auch Mystiker erlebt haben. Oft haben sie eine profunde spirituelle Wirkung auf diejenigen, die solche Erfahrungen machen, aber sie wissen unter Umständen nicht, wie sie sie interpretieren sollen, was sie für ihre Spiritualität zu bedeuten haben oder wie sie ohne Drogen zu denselben Erfahrungen gelangen können. In Stammesgruppen finden letztere in einem spirituellen Kontext statt, der die Menschen befähigt, sie konstruktiv und sinnvoll auszulegen, und diese Erkenntnisse zur Weiterentwicklung ihrer Spiritualität zu benutzen.

Viele von denen, die solche Erfahrungen gemacht haben, wenden sich heute dem Paganismus zu, da er sich durch Verständnis für schamanische Erfahrungen und Respekt vor den aus Bewußtseinsveränderungen gewonnenen Erkenntnissen auszeichnet. Dies hat zu einem Zustrom von jüngeren Menschen geführt, deren Vorstellungen noch radikaler und anarchistischer sind als die einiger ihrer älteren Brüder und Schwestern. Seriöse paganische Konferenzen haben gelegentlich statt in stiller Meditation in schamanischen Discos geendet.

Bei Rock und Folk-Festivals sind Paganen stark vertreten, und pagane Bands haben sich gebildet, um alte pagane Themen in moderne Musik zu übertragen. Bei anderen Veranstaltungen, wie zum Beispiel beim Glastonbury Festival, gibt es Vorführungen, die pagane Riten in ihr Programm eingebaut haben, wobei man sich mit Feuerlabyrinthen, Masken und Tänzen auf einfache, aber überaus sinnträchtige Themen konzentrierte. Die Symbole gehören einem modernen ›Stammes-Paganismus‹ an, dessen Anhänger nicht durch Blutsbande, aber geistig verwandt sind. Diese Paganen treten häufig keiner unserer Organisationen bei. Ihre Form der Verehrung der Götter findet im Freien statt, ist ekstatisch und spontan – geschaffen von der geballten Energie der Beteiligten. Dies alles kann aus einem Augenblick der Schwärmerei, einer ökologischen Protestaktion oder auch bei einer formalen paganen Zusammenkunft entstehen. Es handelt sich um einen lebendigen und sich immer weiter entfaltenden Paganismus, der eher auf die Zukunft als auf die Vergangenheit ausgerichtet ist, aber dennoch in unseren tiefsten religiösen Sehnsüchten wurzelt – nämlich für unsere Götter zu tanzen, zu singen und zu trommeln. Die Hippies der siebziger Jahre gingen nach Osten, um ihre Erleuchtung zu finden. Die ›Anarcho-Paganen‹ der achtziger und neunziger Jahre konnten sich das nicht leisten und blieben daheim, um dort die Erleuchtung zu finden – unmittelbar vor der Haustür.

›Öko-Paganismus‹

Diejenigen, die über den Schamanismus und Anarchismus zum Paganismus gekommen sind, befürworten keine materialistischen und konsumorientierten Werte. Ihr Anliegen ist nicht verbrauchen, sondern erhalten. Die meisten paganen Gruppen sind aktiv mit Umweltproblemen befaßt, entweder durch direkte Umweltkampagnen oder durch Gebet und Magie, um dadurch die Einstellung der Gesellschaft zu verändern. Dies praktizieren nicht nur die Paganen des Westens. Überall auf der Welt pflegen Angehörige von Stammeskulturen ihre Traditionen und arbeiten für dieselben Ziele.

Um ihre Anliegen durchzusetzen, gibt es Gruppen von Paganen, die sich ausdrücklich auf ökologische Probleme spezialisieren. Umweltaktionen sind also ebenfalls ein Weg zum Paganismus.

Göttinnen

Die Einstellung des Paganismus gegenüber dem Umweltschutz wird angeregt durch die Verehrung der weiblichen Gottheit – der Göttin –, die von jeher in hohem Maß mit der Welt der Natur in Verbindung gebracht wurde. Die Wichtigkeit der Göttin und der Frauen ist ein wesentliches Merkmal des Paganismus.

Manche Gruppen sind ganz besonders auf die Verehrung der Göttin ausgerichtet. Eine der größten ist die ›Fellowship of

Isis‹, die sowohl für Männer wie für Frauen offensteht. Sie können auch zu Priestern und Priesterinnen der Göttin geweiht werden. ›Diana Craft‹, zu Ehren der Göttin Diana so genannt, ist vor allem in den Vereinigten Staaten aktiv. ›Diana Craft‹ ist matriarchal ausgerichtet, wird also von Frauen geführt. Manche Gruppen schließen Männer aus und betrachten ihre Traditionslinie als Schwesternschaft, als ›Frauenreligion‹. Andere Gruppen arbeiten mit Männern zusammen, sehen jedoch deren Rolle als weniger wichtig an als die der Frauen.

Es gibt auch nicht formelle Frauengruppen, die zusammenkommen, um die Göttin zu verehren. Manche orientieren sich an der Wicca-Bewegung, andere am Schamanismus. Einige haben Aspekte des klassischen Paganismus, der Spiritualität der amerikanischen Ureinwohner und anderer Traditionen übernommen, um eine eklektische Form der Verehrung der Großen Göttin zu schaffen, die den Erfordernissen der heutigen Zeit entspricht.

In den achtziger Jahren stießen viele Frauen über Friedensdemonstrationen und -aktionen zum Paganismus, durch die sie zu der Erkenntnis gekommen waren, daß viele der negativen Entwicklungen wie die Protektion von Waffenhandel und Krieg das unmittelbare Resultat eines gesellschaftlichen Ungleichgewichts sind, einer Dominanz der ›männlichen‹ Werte des Wettbewerbs gegenüber den ›weiblichen‹ Werten des Erhaltens und Hegens. Dies brachte viele Frauen dazu, die Religionen ihrer Kindheit in Frage zu stellen und dabei zum Schluß zu kommen, daß sie ihren Erwartungen nicht entsprachen. Einige Frauen blieben zwar in der religiösen Tradition ihrer Familien, begannen jedoch, sich aktiv für eine stärkere Anerkennung des weiblichen göttlichen Prinzips und für die Zulassung von Frauen zu Priesterämtern einzusetzen. Andere Frauen entschieden, daß sich ihre religiösen Vorstellungen über die des Monotheismus hinaus entwickelt hatten, und begannen eine Göttinnenreligion wiederzubeleben, die ihnen mehr entsprach. Einige dieser Frauen fühlten sich zur Wicca-Bewegung hingezogen, eine Entwicklung, die durch die Publikationen der amerikanischen Hexe Starhawk gefördert wurde. In diesen Büchern wird explizit auf die Verbindungslinien zwischen Wicca, Frauenbewegung und Ökologie hingewiesen.

Göttinnenreligionen und spirituelle Frauengruppen stärken Frauen, weil in ihnen demonstriert wird, daß Frauen nach dem Bild des Göttlichen geschaffen wurden. Sie sind hier nicht von einem erfüllten spirituellen Leben und von der Definitionsmacht über Spiritualität ausgeschlossen. Die Göttin wird in Frauengruppen als diejenige verehrt, die sich in der Natur, über die Natur hinaus und auch im Inneren jeder einzelnen Frau manifestiert. Die Rituale dienen häufig einer sehr wirkungsvollen Selbstbestätigung und der Bestätigung durch andere. Dies sind dann wertvolle Heilerfahrungen für alle Frauen, vor allem für diejenigen, die in ihren Beziehungen mißbraucht oder ausgenutzt wurden.

Wicca

Die Bezeichnung ›Wicca‹ wird oft für die Religion der neuen Hexenbewegung, auch Hexenkunst (im englischen Sprachraum auch ›Wisecraft‹ oder nur ›Craft‹) genannt, gebraucht. Es ist einer der vitalsten Zweige des wiederbelebten Paganismus, nicht einfach eine Form der Magie, sondern ein ganzes System paganer Philosophie und Religiosität. Hexen verehren die Große Muttergöttin und ihren Gemahl, den Gehörnten Gott, die sich im Sonnenzyklus der Jahreszeiten und im monatlichen Mondzyklus in verschiedenen Erscheinungsformen zeigen.

Viele moderne Frauen (und Männer) glauben, daß die Wiederbelebung des Wortes ›Hexe‹ einen wichtigen Teil unseres paganen Erbes darstellt, ein Erbe, das unsere eigene innere Stärke und unsere Macht betont. Das Image der Hexe, weitgehend dem des Schamanen entsprechend, bietet Frauen die Gelegenheit, diese Macht auf positive und der Menschheit förderliche Weise nutzbar zu machen – nämlich zu heilen und zu verändern, was verändert werden muß. Das Wort ›Hexe‹ ist jedoch problematisch, und der Außenstehende verbindet mit ihm etwas völlig anderes als der Paganismus. In den vergangenen Jahrhunderten war es für Frauen nicht leicht, ihre spirituellen Fähigkeiten einzusetzen. Oft wurden diejenigen, die das taten – dörfliche Hebammen, Kräuterheilkundige und Hellseherinnen –, eben als ›Hexen‹, als das Böse schlechthin und als Zerstörerinnen des männlichen Establishments verdammt. Also ziehen es einige Paganen vor, die Bezeichnung nicht zu benutzen. Interessanterweise hat die schwarze Emanzipationsbewegung einen ähnlichen Prozeß durchlaufen, indem sie eine Bezeichnung wiederaufnahm und rehabilitierte, die die herrschende Gesellschaftsschicht zunächst in abwertendem Sinn gebrauchte – nämlich die des ›Schwarzen‹. Trotzdem ziehen es manche vor, sich als ›Farbige‹ zu bezeichnen.

Die Wicca-Bewegung besteht aus einer Reihe verschiedener Strömungen, die auf Überresten der paganen Tradition basieren, welche zwischen den Generationen weitergegeben wurden. Im zwanzigsten Jahrhundert waren diese Traditionen in Gefahr, in Vergessenheit zu geraten, und einige am Paganismus interessierte Außenseiter engagierten sich und verwandelten vom Aussterben bedrohte Glaubensformen in solche, die in das kommende Jahrtausend paßten. Dabei wurden der Tradition des eigenen Volkes andere Elemente hinzugefügt, hauptsächlich aus den verschiedenen europäischen paganen Traditionen und der rituellen Magie – einer Magie, die mehr der auch bei den alten paganen Mysterien im Zentrum stehenden Transformation des Selbst als dem Zauber gilt. Daraus wurde eine Religion geschaffen, die ein breites Spektrum an Bräuchen umfaßt, angefangen bei der Verehrung der Götter durch jahreszeitlich bedingte Feiern bis zu der Entfaltung psychischer Kräfte und hochentwickelter Formen der Mystik.

Wicca nimmt gegenüber Frauen eine sehr positive Haltung ein, auch spielen sie als Priesterinnen eine wesentliche Rolle. Da das Göttliche selbst sich als weiblich und männlich zugleich manifestiert, glauben die Wicca-Anhänger, daß den Göttern am besten durch Priester wie Priesterin gedient wird. Im allgemeinen führen beide gemeinsam die Riten aus.

Die Strukturen sind nicht auf eine zentrale Autorität hin ausgerichtet, es existieren autonome Gruppen (›Coven‹), denen Hohepriesterinnen vorstehen. Es gibt auch Hexen, die die Götter anbeten und ihre Magie für sich alleine ausüben.

Druidentum

Seit dem achtzehnten Jahrhundert hat das Druidentum eine extensive Wiederbelebung in der gesamten westlichen Welt erfahren, besonders aber in England, Wales, Frankreich und Nordamerika. Es ist straffer organisiert als die Wicca-Bewegung, da einzelne Gruppen im allgemeinen Teil eines Druidenordens sind, den ein ›Erzdruide‹ oder ein ähnlich hochstehendes Mitglied leitet. Innerhalb Britanniens gehören die meisten Orden einer Dachorganisation an, dem ›Council of British Druid Orders‹. Die beiden Hauptorganisationen in Amerika heißen ›Ar nDraichocht Fein‹ und ›Keltria‹.

Innerhalb der Orden gibt es verschiedene Grade: den der Barden, die sich auf die bardischen Künste konzentrieren, den der Ovaten, die sich mit Weissagungen befassen, und den der Druiden, die praktisch die Priester sind.

Das moderne Druidentum verehrt die alten keltischen Gottheiten. Einen besonderen Anziehungspunkt für viele Menschen, vor allem die keltischer Abstammung, bildet auch die im Zentrum stehende Wiederbelebung und Übermittlung keltischer Kultur, die Konzentration auf die Verehrung der Natur und die Förderung kreativer Künste wie Musik, Dichtung und Literatur. Die Druiden, die große überregionale Zusammenkünfte organisieren, sind nicht unbedingt Paganen. Viele Druidenorden konzentrieren sich in erster Linie auf kulturelle Erneuerung, häufig gehören ihnen auch Mitglieder des christlichen Klerus an. Damit hat sich das Druidentum als fruchtbarer Boden für die Verständigung zwischen Christen und Paganen erwiesen.

Die Auslegung der christlichen Lehre in der keltischen Spiritualität ist dem paganen Gedankengut gegenüber weniger kritisch eingestellt als die der römisch-katholischen und protestantischen Richtungen und zeigt eine große Kontinuität zwischen dem Paganismus und dem nachfolgenden Christentum auf. Die Kelten integrierten bereitwillig ihre paganen Gottheiten als Heilige in den christlichen Bezugsrahmen. Selbst animalische Gottheiten wie der Gehörnte Gott, der von anderen Teilen des Christentums zurückgewiesen wurde, fand dort eine Heimstatt. Die französischen Kelten belebten ihn als heiligen Cornelius, Schutzpatron der gehörnten Tiere, wieder. Die Katholiken keltischer Länder ehren auch heute noch ihre heiligen Quellen, die in früheren Zeiten von paganen Göttinnen behütet wurden. Auch können dort pagane Gebete an die Götter in ihrer Verkörperung als christliche Heilige gerichtet werden.

Das Druidentum hat auch deshalb eine wichtige Brücke zwischen dem Paganismus und der weiter gefaßten Gemeinschaft gebildet, da das Abhalten jahreszeitlich bedingter Feste an öffentlichen Orten schon lange Bestandteil druidischer Tradition ist. Diese Öffentlichkeit bedeutet, daß Druiden besser bekannt sind als einige der anderen paganen Richtungen. In

Britannien ist das berühmteste dieser Feste die Sommersonnenwende-Zeremonie zur Zeit der Morgendämmerung in Stonehenge. Die Geschichte von Stonehenge veranschaulicht das Wachstum des Paganismus.

Wenn ich als Kind mit meiner Mutter kurz vor der Morgendämmerung zu den nebelverhangenen Steinen wanderte, kamen wir immer an ein paar Touristenzelten vorüber und weckten deren Insassen. Im Gelände trafen wir dann die Druiden selbst an und zudem vielleicht vier oder fünf andere Leute. Bestenfalls 15 oder 20 von uns feierten den Aufgang der Sonne. Später, in den siebziger und achtziger Jahren, war – vor allem bei jungen Menschen – ein Wiedererwachen des paganen Erbes zu beobachten. Stonehenge wurde ein großer Versammlungsort derjenigen, die dort gemeinsam mit anderen das Leben und die Götter feiern wollten. Daraus entwickelte sich ein offenes Festival, bei dem viele das erste Mal dem Paganismus begegneten. Dieses alljährliche Ereignis nahm 1985 ein trauriges Ende. Nachdem sich 1984 zum Festival dreißigtausend Menschen versammelt hatten, entschied sich die Regierung dafür, es zu verbieten. Unbeirrt versuchten viele 1985 erneut, nach Stonehenge durchzudringen, aber ein riesiges Polizeiaufgebot griff die Menschen, die den Ort erreichen wollten, an. Es folgte eine der beschämendsten Maßnahmen polizeilicher Unterdrückung in der neueren britischen Geschichte – die Schlacht bei Beanfield. Entsetzte und fassungslose Reporter und Fernsehteams sahen zu, wie die Fahrzeuge derer, die das Fest feiern wollten, systematisch zertrümmert und Männer, Frauen und Kinder angegriffen wurden. Seitdem sind die Sommersonnwend-Treffen in Stonehenge verboten, aber pagane Organisationen demonstrieren noch immer, um den Beschluß rückgängig zu machen.

Die nordische Tradition

Die heutigen Nachfolger der nordeuropäischen paganen Tradition werden oft ›Odinisten‹ genannt. Manche ziehen die Bezeichnung ›Asatru‹ vor, was ›Glaube an die Götter‹ bedeutet oder ›Getreue der Asen‹, da sie nicht ausschließlich Odin verehren. Asatru-Anhänger finden sich in ganz Nordeuropa und auch in Nordamerika. Wie das Druidentum ist diese Organisation in Gemeinschaften mit Untergruppen aufgeteilt, die ›Herdfeuer‹. In Europa gibt es zwei wichtige Organisationen, den ›Odinshof‹ und ›Odinic Rite‹ – in den Vereinigten Staaten sind es ›Arizona Kindred‹ und ›Asatru Free Assembly‹. In Island ist Asatru eine streng religiöse Bewegung und bildet zusammen mit dem Christentum eine der beiden offiziellen Staatsreligionen. Das Land wurde erst im zehnten Jahrhundert offiziell christlich, und seine pagane religiöse Vergangenheit ist deshalb seinen Menschen näher als in manchen anderen europäischen Ländern.

Asatru ist männlicher orientiert als einige andere pagane Religionen, jedoch noch weniger als das Christentum. Sowohl Männer wie Frauen können Asatru-Gruppen anführen und bei religiösen Feiern die Zeremonien leiten. Prophezeiungen in Trance stehen unter der Schutzherrschaft der Göttin Freya und werden in erster Linie als weibliche Fähigkeit betrachtet.

Wie auch bei anderen paganen Richtungen liegt das Gewicht bei Asatru auf der Heiligkeit der Natur. Asatru-Gruppen in Britannien haben eine führende Rolle beim Kauf von Waldgebieten übernommen, um sie für sakrale Zwecke zu nutzen, ebenso bei Kampagnen für den Umweltschutz.

Paganismus der Männer

Männergruppen haben sich im Paganismus langsamer gebildet als Frauengruppen, sie sind im Zuge der Männerbewegung entstanden. Bekanntlich hat vor allem der Feminismus die Männer dazu gebracht, ihre eigene Rolle in der Gesellschaft in Frage zu stellen. Manche Gruppen sind aufgrund der Arbeit von Robert Bly und seinem Buch *Eisenhans* entstanden, das seinen Schwerpunkt auf die Wichtigkeit der Initiation durch andere Männer legt. Das bedeutete die Untersuchung der männlichen Rolle bei allen ausschließlich männlichen Vereinigungen, die Aspekte schamanischer Praktiken anwenden, und ebenso die Bildung straffer organisierter Gruppen zur Erforschung der alten männlichen Mysterien-Überlieferungen. Das schließt auch die mythologischen Gestalten Orpheus und Mithras ein. Außerdem haben sich Gruppen von Homophilen gebildet, die es vorziehen, gemeinsam Zeremonien für ihre Götter abzuhalten.

Dies war also eine kurze Übersicht über die pagane Gemeinschaft. Wen und was verehrt sie?

IV
Pagane Gottheiten: Schönheit der Vielfalt

Unsere Vorfahren verehrten die Natur in all ihren Erscheinungsformen, denn sie verfügten über eine tiefe und innige Beziehung zu der sie umgebenden Landschaft. Man kann sich leicht vorstellen, daß bestimmte Orte als geheiligt angesehen wurden und warum den Gottheiten in ausgeprägt natürlicher Umgebung – Felsen, Bäume, Berge, Seen, Flüsse oder Quellen – gehuldigt wurde. Unsere ursprünglichen Götter waren oft eng mit bestimmten Plätzen verbunden.

Andere Götter gehörten zu bestimmten Volksstämmen. Nomaden, also Jäger und später Hirten, benötigten Götter, die transportabel waren. Jeder Stamm oder Clan hatte seine eigene oberste Gottheit, die männlich oder weiblich war und ihre Anhänger beschützte. Beispiel für eine Stammesgottheit ist Jahwe, später Jehovah, der Gott der Israeliten.

Die Ansprüche unserer Vorfahren waren einfacher Art, deshalb hatten sie keine aufwendigen Ehrentempel für ihre Götter. Als sich die menschliche Gesellschaft weiterentwickelte, bildeten sich auch neue religiöse Vorstellungen heraus. Neue, scheinbar geheimnisvolle handwerkliche Techniken entstanden – die des Metallschmelzens, der Landwirtschaft und des geschriebenen Worts. Mit der Zeit bekamen wichtige menschliche Tätigkeiten ihre eigenen obersten Gottheiten, die ihre Anhänger in das Geheimnis ihrer Künste einweihten. Manchmal hatten diese Götter mehr als nur eine Funktion, manchmal hatte ein Bereich mehr als einen Gott. Der ägyptische Gott Thoth oder Tahuti war der Patron der Hieroglyphenschrift. Da

Worte geheiligt waren, war er auch ein Patron der Magie. Die Göttin Isis war ebenfalls Schutzherrin der Magie, da sie ihren Vater, den Sonnengott Ra, überredete, ihr das Geheimnis des Wortes anzuvertrauen, mit dem ihr Gatte Osiris von den Toten wiedererweckt werden konnte. Manchmal wurde ein gesellschaftlicher Bereich einer Göttin, manchmal einem Gott zugeordnet. In Griechenland wurde Hephaistos der Patron der Schmiede, während sie in Irland unter dem Schutz der Göttin Bride standen. Auf diese Weise vermehrten sich die Götter und Göttinnen, unsere Vorfahren waren Polytheisten – Verehrer zahlreicher Gottheiten.

Viele von ihnen gerieten in Vergessenheit, andere überlebten. Die Gründe hierfür sind teils politischer, teils archäologischer Natur. Beispielsweise kennen wir alle römischen Gottheiten, weil die Römer eine einflußreiche Militärmacht darstellten, deren Reich sich über den größten Teil Europas und Nordafrikas erstreckte. Zudem spielte die Schrift bei ihnen eine große Rolle. Es haben sich Berichte und Steininschriften auf den Monumenten, die sie hinterlassen haben, erhalten, die uns über ihre religiösen Glaubensformen Auskunft geben.

Die Götter und Göttinnen der Kelten werden besonders innerhalb des Druidentums und der Hexenbewegung verehrt. Über sie wissen wir weit weniger. Die Kelten zeichneten ihre Namen nicht auf und glaubten, daß religiöse Lehren zu heilig seien, um schriftlich niedergelegt zu werden. Die keltischen Gottheiten, von denen wir wissen, sind schwer zu verstehen. Für die Kelten – wie für viele Paganen – unterschied sich die göttliche Welt nicht von der menschlichen. Götter konnten menschliche Wesen heiraten und Nachkommen zeugen, und es ist nicht immer klar, ob eine heroische Gestalt oder eine Königin eine historische Persönlichkeit, eine mythologische Gestalt, ein Mensch oder ein Gott ist. Eine weitere Schwierigkeit besteht darin, daß religiöse Mythen bis zur Zeit des Christentums nicht niedergeschrieben wurden. Also wurden gelegentlich Götter und Göttinnen als Männer und Frauen bezeichnet, um sich damit klösterlicher Zensur zu entziehen, oder einfach aus Mangel an Verständnis. Trotzdem, die Merkmale und magischen Kräfte der Gestalten in den Legenden verraten ihren göttlichen Ursprung.

Die Gottheiten des nördlichen Europas – die Asen oder Hohen Götter, deren oberster Odin ist, und die Vanen, deren Hauptgottheiten Freya und Freyr sind – werden von den Anhängern der nordischen Tradition und der nordeuropäischen Wicca-Bewegung verehrt. Bei der Interpretation der nordeuropäischen Traditionen haben wir dieselben Probleme wie bei den Kelten. Auch hier herrschte die mündliche Überlieferung vor, nur sehr wenige der religiösen Mythen wurden aufgezeichnet – bis nach der Christianisierung Nordeuropas ab dem zehnten Jahrhundert christliche Gelehrte die Sorge hatten, daß ihr kulturelles Erbe verlorengehen könnte.

Andere Ehrenmäler für Gottheiten sind uns bekannt, weil ihre Anhänger kraftvolle und differenzierte Formen der Religion entwickelten. Die Götter und Göttinnen der alten Ägypter wurden Tausende von Jahren verehrt, nicht nur in Ägypten, sondern auch in Europa. Die konzentrierte Energie dieser Anbetung gibt den Bauformen und Skulpturen eine Stärke und Aussagekraft, die uns noch heute anspricht.

Obwohl unsere Vorfahren Polytheisten waren, kamen einige von ihnen im Verlauf der Zeit zu dem Glauben, daß manche Gottheiten, die verschiedene Namen trugen, doch identisch oder nahezu identisch seien. Mit zunehmender Mobilität wuchs die Erkenntnis der Menschen in dieser Hinsicht. Wir stellen uns unsere Ahnen häufig als eher beschränkte menschliche Wesen vor, die nicht wußten, was sich jenseits der Grenzen ihrer eigenen Siedlungen abspielte. Das stimmt nicht. Zahlreiche unserer Vorfahren lebten in multikulturellen und vielsprachigen Gesellschaften. Während viele tatsächlich an das eigene Land gebunden waren, bedeutete doch der Aufschwung des Handels eine wachsende Mobilität.

In dem Gebiet des heutigen Nord- und Südamerika trieben zum Beispiel die damaligen Ureinwohner einen überaus lebhaften Handel. In Europa wurden in Frankreich ägyptische Perlen gefunden, die Händler aus Nordafrika herüberbrachten. Von der Stadt Karthago an der Nordküste Afrikas aus brachen phönizische Seeleute auf, um mit den Kelten Cornwalls Zinnhandel zu betreiben. Griechen segelten nordwärts, um mit den Schweden, und ostwärts, um mit Indien Handelsbeziehungen aufzunehmen. Diese kommerziellen Verbindungen boten die Gelegenheit, nicht nur materielle Güter, sondern auch Meinungen, Theorien und das Wissen über die jeweiligen Götter auszutauschen.

Es war diese Begegnung mit den Göttern der anderen, die die Reisenden erkennen ließ, daß trotz der unterschiedlichen Gottesvorstellungen bei den verschiedenen Völkern das dahinterliegende archetypische Gedankengut doch dasselbe sein könnte. So konnte Herodot, der große Reisende des alten Griechenlands, äußern, die Ägypter verehrten die Göttin der Liebe, die in seinem Land Aphrodite genannt werde, unter dem Namen Bast. All dies führte zu religiöser Toleranz und Respekt vor den religiösen Vorstellungen anderer Völker. In Athen gab es sogar ein Monument des Unbekannten Gottes, um darauf hinzuweisen, daß die Stadt auch diejenigen Gottheiten ehre, die den Einwohnern noch nicht bekannt seien. Diese tolerante Einstellung erwies sich als verhängnisvoll, als dann militantere Religionen entstanden.

Im Lauf der Zeit entwickelten sich selbstverständlich andere religiöse Vorstellungen aus der Begegnung zwischen den verschiedenen Völkern und ihren Gottheiten. Nicht nur, daß die Göttinnen der Liebe einfach verschiedene Namen trugen, auch all die anderen Göttinnen, die verehrt wurden, waren nicht völlig voneinander getrennt, sondern unterschiedliche Aspekte *eines* Wesens – der Großen Göttin. Deshalb repräsentierte in Ägypten Isis viele verschiedene Göttinnen. Ein ähnlicher Prozeß entwickelte sich bei den Göttern. Darüber hinaus gelangten einige unserer paganen Vorfahren zu dem Glauben, daß Göttin und Gott selbst Manifestationen zweier verschiedener Aspekte einer Gottheit darstellten.

Eine logische Erweiterung all dessen war dann der Monotheismus, der heute von Juden, Christen und Moslems praktiziert wird. Hier wählen die Menschen eine spezielle Gottheit (im allgemeinen einen männlichen Gott) und entscheiden, daß dies der einzig wahre sei. Alle anderen Gottheiten seien schlecht und böse. Der Paganismus ist nicht dieser Ansicht, zieht jedoch in Betracht, daß jede Vorstellung des Göttlichen, die wir entwickeln, begrenzt sein muß, denn die Vielfalt des Göttlichen kann nicht durch Worte oder Bilder des menschlichen Geistes erfaßt werden. Die verschiedenartigen Formen, in denen das Göttliche sich uns offenbart, sind unerläßlich, damit wir seinen Reichtum und seine Fülle begreifen.

Weshalb müssen wir unsere Götter überhaupt beschreiben? Warum sagen wir nicht ganz einfach, das Göttliche sei abstrakt? Unglücklicherweise denkt der menschliche Geist, zumindest der der meisten von uns, nicht in Abstraktionen. Aber deshalb können die herrlichen Bilder der Götter, die unsere Vorfahren über so lange Zeit verehrt haben, noch immer die Macht haben, uns innerlich zu bewegen, zu inspirieren und unser Bewußtsein zu erweitern. Wir wissen, daß jede bildliche Vorstellung an sich begrenzt ist, aber wenn wir die vielen Götter in unserer Seele, unserem Herzen und unserem Geist ehren, so werden sie uns zu einer wahren Erkenntnis führen: daß das Göttliche in und außerhalb von uns präsent ist, zu allen Zeiten, an jedem Ort, sich unaufhörlich verändernd, unaufhörlich das Gleiche.

Moderner Paganismus und die alten Götter

Einige heutige Paganen sind Anhänger einer besonderen Göttin oder eines besonderen Gottes; andere verehren Götter oder Göttinnen einer bestimmten religiösen Strömung. Oft jedoch ehren Paganen die Götter unter verschiedenen Namen. Das mag etwas verwirrend klingen. Verständlicher wird es vielleicht, wenn man sich die Götter als unterschiedliche Verkörperungen vorstellt, durch die das Göttliche sich selbst verschiedenen Menschen und zu verschiedenen Zeiten offenbart.

Obwohl heutige Paganen die Götter unter ihren alten Namen anrufen, bedeutet das nicht, daß wir von ihnen genau die gleiche Vorstellung haben wie unsere Vorfahren. Wenn eine moderne Irin sich an die Große Göttin Isis wendet, hat sie ein anderes Bild von ihr wie eine ägyptische Frau vor viertausend Jahren. Im Lauf der Zeit haben sich unsere Auffassungen von den Göttern und der Natur des Göttlichen verändert. Wir trachten nicht danach, den Paganismus auf die genau gleiche Weise zu praktizieren wie unsere Vorfahren, selbst wenn das möglich wäre. Vieles ist uns verlorengegangen, vieles hat sich in unserer religiösen Denkweise gewandelt. Wir müssen die alten Mythen und Legenden genau überprüfen, um einen neuen Weg in die Zukunft zu finden. Man kann den Paganismus als ein vergessenes Wissen betrachten, das jetzt neu entdeckt worden ist und auf eine Weise interpretiert wird, die den Anliegen der heutigen Menschen entspricht.

Einige pagane Bräuche unserer Ahnen würden heutzutage nicht mehr akzeptiert werden. Wie im Judentum und anderen Religionen der vorchristlichen Zeit wurden auch in vielen Strömungen des Paganismus Tieropfer dargebracht. Das ist für heutige Paganen unannehmbar, und tatsächlich gab es auch im Altertum viele Paganen, die bewußt Vegetarier waren.

Auch andere pagane Ideen scheinen heutzutage eher bizarr. Unsere Vorfahren fanden es zum Beispiel völlig in Ordnung, einer Gottheit zuerst zu huldigen, danmn Bitten zu äußern und anschließend damit zu drohen, sich einem anderen Gott zuzuwenden, falls sie nicht erfüllt würden. Wenn man Götter als unterschiedliche Wesen betrachtet, so scheint es den Menschen nur logisch, die Gefolgschaft zu kündigen und dorthin überzulaufen, wo sie das Gefühl haben, ein besseres Geschäft zu machen – was sie dann bezüglich des Christentums auch tatsächlich taten. Die heutigen Paganen betrachten es als nicht angemessen, so mit ihren Göttern umzugehen.

Heutzutage verehren Paganen das Göttliche als Göttin, Gott und auch als Großen Geist oder das Eine, das jenseits von allem ist. Manche Paganen beten die Götter in ihren nordischen, andere in keltischen oder ägyptischen Erscheinungsformen an, wieder andere orientieren sich an den Ritualen ihrer Vorfahren, der Ureinwohner Amerikas. Ein ausgeprägter Zug des Paganismus ist jedoch die Wichtigkeit, die er dem Göttlichen in seiner weiblichen Form – der Göttin – zumißt.

Die Göttin

In welchen paganen Pantheon wir auch blicken, wir finden dort starke und mächtige Göttinnengestalten, Königinnen aus eigener Machtvollkommenheit, Herrinnen der Welt der Magie, des Jenseits und des Alltags von Frauen und Männern. Mehr noch, wir sehen in der Göttin das Bild der liebevollen Mutter, die uns umsorgt und umhegt, uns Ruhe gönnt, wenn wir erschöpft sind, Nahrung spendet, wenn wir Hunger haben, unsere Schmerzen stillt, uns in der dunkelsten Stunde auf einen neuen Tag hoffen läßt und uns vor dem Angriff des reißenden Wolfs bis zu ihrem letzten Atemzug beschützt. Für die meisten von uns ist die Mutter der erste Mensch, dem wir begegnen, wenn wir das Licht der Welt erblicken. Sie pflegt uns, nährt uns und liebt uns. Wir sind völlig von ihr abhängig. Es ist also ganz natürlich, wenn in unserer ersten Vorstellung das Göttliche weiblicher Natur ist.

Viele der heutigen Paganen sprechen von ›der Göttin‹ und meinen damit die eigentliche Essenz all der verschiedenen Göttinnen, die auf der gesamten Welt verehrt werden. In einem Gesang, der bei paganen Versammlungen oft angestimmt wird, wird die Göttin so angerufen:

Isis, Astarte, Hekate, Demeter, Kali, Inanna.

Diese Namen aus der Vergangenheit werden als Verkörperung verschiedener Aspekte der Großen Göttin empfunden, die in allen Kulturen und zu allen Zeiten gegenwärtig ist, das ewig Weibliche, das Göttliche in weiblicher Form.

Einige Strömungen des Paganismus sehen Göttin und Gott als zwei Aspekte der energieimmanenten Polarität – passiv und aktiv, kreativ und destruktiv. Das soll nicht heißen, daß der weibliche Aspekt des Göttlichen passiv ist. Viele Paganen haben eine ähnliche Auffassung wie die Hindus, derzufolge jede geistige oder stoffliche Manifestation durch Shakti, die Große Mutter des Alls, symbolisiert wird. Shakti ist Energie und Macht, aber beides muß Gestalt oder Form annehmen. Dies ist Shiva, der Große Vater des Alls. Eine solche Anschauung steht im Gegensatz zu der des Judaismus, der seinerseits das Christentum beeinflußt hat. In der jüdischen Mythologie wird die Große Mutter, Binah, als der empfängliche Leib gesehen, der der vom Vater, Chokmah, ausgesandten Kraft und Energie Gestalt verleiht.

Der frauenbewegte Paganismus und die Wicca-Bewegung sehen die Göttin als die Schöpferin schlechthin an. Im Gegensatz zur Vorstellung von einem Schöpfergott als Architekt des Universums – wobei das Maskuline die primäre Macht ist und das Weibliche aus ihm entsteht – wird hier eher die Göttin als die dynamische Kraft angesehen, die das Universum hervorbringt, entweder dadurch, daß sie den Gott zu sich ruft oder durch eine jungfräuliche Geburt.

Die Bedeutung der Göttin ist für die verschiedenen Individuen und Gruppen unterschiedlich, aber die meisten Paganen glauben, daß die Gesamtheit des Göttlichen sowohl Aspekte des Weiblichen wie des Männlichen enthalten sollte. Die Überbetonung eines maskulinen transzendentalen Gottesbildes hat während der vergangenen zwei Jahrtausende soziale Strukturen geschaffen, die das Männliche, das Geistige und Intellektuelle glorifizieren – auf Kosten der Natur und des Bereichs des Einfühlungsvermögens und Gefühls. Das hat zu einer ausbeuterischen Haltung der Natur und denjenigen gegenüber geführt, die nicht Bestandteil dieser männlichen Machtstrukturen sind. Für manche Paganen besteht die Lösung, zumindest zur Zeit, in einer Konzentration auf das weibliche Göttliche als Gegengewicht zur Dominanz des Männlichen. Andere wiederum sind der Ansicht, daß eine derartige Gegenreaktion das Gleichgewicht in der Gesellschaft nicht wiederherzustellen vermag, sondern nur eine Polarisierung der Wertvorstellungen hervorrufen wird. Sie suchen nach einem Ausgleich zwischen Göttin und Gott, zwischen Weiblichem und Männlichem, sowohl in sich selbst wie in der sie umgebenden Gesellschaft. Eine solche Balance halten sie für zukunftsweisend.

In vielen Fällen wissen wir nur wenig über die uns dem Namen nach bekannten Gottheiten, und selbst da, wo wir mehr Informationen haben, stützen wir uns auf Vermutungen, die auf archäologischen und historischen Forschungen sowie der Mythologie und Psychologie der Mythen basieren. So besteht also die Gefahr, daß wir Vorstellungen, die unseren gegenwärtigen Wünschen entspringen, in die Vergangenheit rückprojizieren. In gewisser Hinsicht geschieht dies im Laufe der Geschichte ständig. Die Verflechtung von Ursache und Wirkung aufzuzeigen, um das Muster der wahren Ereignisse herauszuarbeiten, ist eine schwierige Kunst. Jede Gesellschaft hat unterschiedliche vorgefaßte Meinungen, die die geschichtliche Erinnerung und die Geschichtsschreibung beeinflussen. Bis vor kurzem wurde die Geschichte der Frauen und damit auch die Rolle der Göttinnen und Königinnen so gut wie ignoriert.

Seit dem neunzehnten Jahrhundert haben sowohl Frauen wie Männer versucht, dieses Gleichgewicht wiederherzustellen und sind dabei vielleicht zu weit gegangen. Die feministische Geschichtsauffassung hat die Vorstellung einer matriarchalen Gesellschaft populär gemacht, die absolut friedlich war und bis in die Jungsteinzeit bestand, in der sie von männerbeherrschten Kriegshorden mit Metallwaffen überrollt wurde. In manchen Regionen mag dies so gewesen sein, aber wir wissen, daß Kriegszüge nicht auf die Bronzezeit und die Zeit danach beschränkt waren. Man hat ältere Siedlungen mit Spuren von Schutzfestungen gefunden, die nur erforderlich waren, wenn Kriegshandlungen an der Tagesordnung waren. Zudem wissen wir nicht, bis zu welchem Ausmaß diese Gesellschaften der Vorzeit matrilinear oder matriarchal waren. Sicher ist jedoch, daß das Zeitalter der Christianisierung eine Entmachtung der Frauen und eine Vermännlichung der göttlichen Natur mit sich brachte. Im Paganismus finden wir machtvolle Göttinnengestalten, die heute sowohl für Frauen wie auch für Männer von tiefer Bedeutung sein können.

Im folgenden stelle ich einige Göttinnen vor, die von modernen Paganen verehrt werden.

Die Dreifache Göttin

Der Begriff ›Dreifache Göttin‹ wird schon im alten, mehr aber noch im heutigen Paganismus gebraucht – eine Verbindung von Jungfrau, Mutter und Greisin, oft symbolisiert durch zunehmenden, vollen und abnehmenden Mond. Diese Vorstellung findet man in erster Linie in der Hexenbewegung, in Frauengruppen und im eklektischem Paganismus.

Weshalb wirkt die Dreifache Göttin heute so anziehend? Die Götter und Göttinnen, für die wir uns entschieden haben, beeinflussen nicht nur unser spirituelles Leben, sondern auch die sozialen Strukturen der gesellschaftlichen Gruppen, die sie verehren. Ein Grund für die Beliebtheit der Dreifachen Göttin ist die Integration aller Aspekte des weiblichen Lebenszyklus – die Freiheit und Unabhängigkeit der Jugend, die Freuden und Leiden der Mutterschaft und die Weisheit und Unabhängigkeit, die zurückkehren, wenn wir von den Verpflichtungen gegenüber der Familie entbunden sind. Die moderne Gesellschaft neigt dazu, die Jugend und Schönheit zu bewundern und andere Aspekte des Frauseins zu vernachlässigen und abzuwerten. Eine Vorstellung der Gottheit, bei der das Alter von ebensolcher Wichtigkeit ist wie die Jugend, wirkt bestärkend auf Frauen und ist lehrreich für Männer.

Ein weiterer wichtiger Aspekt der Dreifachen Göttin ist die Verbindung von Frau und Mutter. Seltsamerweise sind diese beiden Teile bei der Jungfrau Maria der Katholiken, die der Göttin im westlichen Kulturkreis am ehesten entsprechen, streng voneinander getrennt. Dies führt zu einer Verunglimpfung der Körperlichkeit, die für Frauen wie für Männer schädlich sein kann. Im Paganismus hat der jungfräuliche Aspekt der Göttin nicht notwendigerweise die Bedeutung von asexuell, sondern weist darauf hin, daß kein Ehegatte sie besitzt.

Das mütterliche Element der Dreifachen Göttin wird durch den Vollmond und die Erde verkörpert. Häufig wird dieser Aspekt der Göttin als Gaia, die Erde selbst, gesehen, und sie gilt als die Große Mutter – die Gottheit, die uns gebärt, nährt, erhält und in der wir schließlich unsere Ruhe und Wiedergeburt finden. Dieser Aspekt der Göttin, wenngleich von der christlichen Kirche unterdrückt, blieb während des Mittelalters in Gelehrten- und anderen Kreisen, die sich nach wie vor an der Denkweise der alten Paganen orientierten, erhalten. In einem englischen Kräuterbuch des zwölften Jahrhunderts findet man zum Beispiel folgende Hymne an die Göttin:

> Erde, heilige Göttin, Mutter Natur,
> die Du alle Dinge erzeugst
> und selbst die Sonne neu aufgehen läßt,
> die Du dem Volke schenktest;
> Hüterin des Himmels, des Meeres und aller göttlichen Mächte;
> dank Dir wird die Natur beruhigt und sinkt in Schlaf ...
> Und wieder, wenn Dir es so gefällt,
> sendest Du das frohe Tageslicht
> und erhältst das Leben mit Deiner ewigen Stärke;
> und wenn der Geist der Menschen dahinscheidet,
> so kehrt er zurück zu Dir.
> Zu Recht wirst Du die Große Mutter der Götter genannt,
> Triumph ist Dein göttlicher Name.
> Du bist die Quelle der Kraft von Menschen und Göttern;
> ohne Dich kann nichts entstehen oder vollkommen werden;
> Du bist die Macht, Königin der Götter.
> Göttin, Dich bete ich an,
> Dich rufe ich beim Namen;
> gewähre mir, worum ich Dich bitte,

damit ich Dir, Gottheit, meinen Dank aussprechen kann,
mit allem Vertrauen, das Dir gebührt.

Die Dreifache Göttin wird zudem als Weise Frau, Greisin oder Hexe, die Hüterin der Mysterien, geehrt. Für eine Frau symbolisiert die greise Göttin ihre eigene innere Weisheit. Auch die älteren Frauen in ihrer Stammesgesellschaft lehrten sie alles, was sie über ihr Frausein wissen mußte. In manchen traditionellen Gesellschaften waren die alten Frauen die lebenden Quellen der Geschichte und des überlieferten Wissens des Stammes, sozusagen seine Bibliotheken, sein Nachschlagewerk, seine Datenbank. Ihr Aufgabenbereich war für das erfolgreiche Funktionieren der Gemeinschaft sehr wichtig. Den Alten wurde ein Ehrenplatz eingeräumt.

Jungfräuliche Göttinnen: Diana und Aradia

Zwei römische Göttinnen, die im frauenbewegten Paganismus und der Wicca-Bewegung eine wichtige Rolle spielen, sind die Mondgöttin Diana und ihre Tochter Aradia. Ein spezieller Zweig der Hexenbewegung – ›Dianic Craft‹, in erster Linie für Frauen – hat sich Diana gewidmet. Trotz ihrer Rolle als Jungfräuliche Göttin war sie für die Geburt zuständig und konnte die Frauen mit Kindern segnen. Also scheint sie nicht Jungfrau im Sinn von asexuell, sondern in dem von unverheiratet zu sein.

Aradia ist die italienische Version der klassischen Göttin Herodias und wurde, einigen zeitgenössischen Texten zufolge, im Mittelalter in vielen Gegenden Südeuropas verehrt. Der Name wurde über eine aus dem 19. Jahrhundert stammende Sammlung von Sagen und Legenden der Toskana, genannt ›*Aradia, Gesang der Hexen*‹, ins Englische übernommen.

Aradia und ihre Mutter Diana werden als Retterinnen der

Bauern vor den sie unterdrückenden Feudalherren bezeichnet. Diana konnte bei allen Lebensproblemen zu Hilfe gerufen werden. So heißt es in ›*Aradia, Gesang der Hexen*‹:

> Diana hat die Macht, alle Dinge zu tun,
> den Niederen Glanz zu verleihen,
> den Armen Reichtum,
> den Betrübten Freude,
> den Häßlichen Schönheit.
> Traure nicht, wenn du zu ihrem Gefolge gehörst;
> auch wenn du gefangen und in Dunkelheit bist,
> wird sie dir Licht bringen ...

Die Muttergöttin Isis

Isis ist eine Muttergöttin, die die ganze ägyptische Geschichte hindurch verehrt wurde. Sie war die Schwester von Osiris, dem Gott des Todes und der Auferstehung, und die Mutter des Gottes Horus. Eine der größten Bewegungen, die in der heutigen westlichen Welt Göttinnen verehren, ist die ›Fellowship of Isis‹.

Isis wurde nach der Eroberung Ägyptens durch Alexander den Großen vor rund zweitausend Jahren weltweit bekannt. Griechische Nachfolger Alexanders übernahmen dann die Herrschaft über Ägypten und waren bemüht, sich in die ägyptische Gesellschaft zu integrieren. Um eine einheitliche Religion zu schaffen, wurde eine kleine Anzahl von Gottheiten zu Hauptgöttern Ägyptens und zu Hauptadressaten der Anbetung – sowohl für Ägypter wie auch für Griechen – ›befördert‹. Die populärste von ihnen war Isis.

Später fanden die Römer die staatlich angebotenen Religionen uninteressant und sahen sich anderweitig um. Sie waren vom Osten ähnlich fasziniert wie viele spirituell Suchende im neunzehnten und zwanzigsten Jahrhundert. So wurde zur Zeit Julius Cäsars auf dem Kapitolshügel in Rom ein Tempel der Isis eingerichtet. Er stand vier Jahrhunderte lang. Für viele wurde Isis zu *der* Göttin. Eine aus dem ersten Jahrhundert von Christus stammende Hymne an sie lautet:

> Alle Sterblichen, die auf der unendlichen Erde weilen –
> Thraker, Griechen, selbst Barbaren –
> sprechen Deinen geheiligten Namen, geehrt wirst du von allen;
> jeder in eigener Zunge und im eigenen Land.
> Die Syrer nennen Dich Astarte,
> Nanaia oder auch Artemis.
> Deine lykischen Verehrer nennen Dich Leto,
> die Bewohner von Thrakien – Große Mutter der Götter.
> Die Griechen nennen Dich Hera, die Hochthronende,
> oder Aphrodite oder wohlmeinende Hestia,
> und auch Rhea oder Demeter.
> Aber die Ägypter nennen Dich Thioui,
> denn Du, und Du allein bist all die Göttinnen,
> die verschiedene Menschen mit verschiedenen Namen benennen.

Greise Göttinnen:
Hekate, Morrigan, Cerridwen

Hekate

Der Altersaspekt der Göttin wird häufig in Form von Hekate verehrt, einer griechischen Mondgöttin und Göttin der Hexenkunst. Sie wird heute in der Hexenbewegung und in Frauengruppen angebetet.

Es gab ursprünglich drei griechische Mondgöttinnen – Artemis für den zunehmenden Mond, Selene für den Vollmond,

Hekate für den abnehmenden Mond. Spätere Statuen von Hekate stellen sie als drei in verschiedene Richtungen blickende Göttinnen dar – eine Dreifache Göttin, die alle Aspekte des Mondes verkörpert. Diese Statuen versinnbildlichen möglicherweise auch ihre Macht im Himmel, auf der Erde und in der Unterwelt.

Hekate wurde Antea genannt, Senderin nächtlicher Visionen, und die ihr geltenden Rituale wurden oft nachts durchgeführt – so wie es der Mondgöttin zusteht. Sie wurde besonders mit Straßenkreuzungen in Verbindung gebracht, die von jeher als Orte der Veränderung und der Transformation betrachtet wurden.

In Griechenland lag ihr Hauptfeiertag in der Augusternte – das Äquivalent zu der Lammas Erntefeier im westlichen Paganismus. Hekate wurde im Zusammenhang mit dem Mond und der Mond in Zusammenhang mit dem Regen gesehen, denn das Wetter wechselt häufig bei Neu- und Vollmond. Deshalb schrieb man ihr die Kontrolle über das Wetter zu und rief sie um Beistand an, um Stürme abzuwenden, welche die Augusternte bedrohten.

Morrigan

Morrigan wird in den keltischen Traditionslinien der Hexenkunst und im Druidentum verehrt. In der keltischen Mythologie ist sie die furchterregende und mächtige Göttin der Schlachten und des Todes, die in den drei Gestalten Morrigan, Badhbh und Nemhain erscheint. Ihr Symbol ist der Rabe. Da Raben sich angeblich nach der Schlacht an den Gefallenen gütlich tun, scheint dies nicht verwunderlich.

Im modernen Paganismus wird Morrigan oft eng mit Hekate in Verbindung gebracht.

Cerridwen

Eine weitere keltische Gottheit, deren Name im Druidentum und in der Hexenbewegung genannt wird, ist die walisische Göttin Cerridwen. In den einschlägigen Texten wird sie selten erwähnt. Dennoch verehrten sie die walisischen Barden des Mittelalters und dann auch die Erneuerer der druidischen Traditionen im achtzehnten Jahrhundert sehr. Über sie gibt es folgende Legende:

Cerridwen wohnt auf einer Insel im See Tegid, zusammen mit ihrem Gatten Tegid Foel, mit dem sie zwei Kinder hat – die schöne Tochter Creirwy und den häßlichen Sohn Afagddu. Um ihren Sohn für seine Häßlichkeit zu entschädigen, beschließt sie, ihn zum Weisesten im Land zu machen. Ein ganzes Jahr bereitet sie in ihrem großen ›Kessel der Inspiration‹ ein magisches Getränk zu, wobei sie während all dieser Zeit magische Kräuter zusetzt, die in der jeweils richtigen Mondphase gepflückt wurden.

Dennoch mißlingt das Vorhaben. Als das Getränk fertig ist, fallen versehentlich drei Tropfen davon auf die Finger eines Knaben, Gwion Bach, der damit beauftragt war, Feuerholz zum Heizen des Kessels herbeizubringen. Gwion steckt seine verbrannten Finger in den Mund und kostet die magischen Tropfen, womit er sich die für Afagddu bestimmte Weisheit aneignet. Er flüchtet, und Cerridwen verfolgt ihn voller Rachsucht. Um ihr zu entfliehen, nutzt Gwion die erworbenen magischen Kräfte und verwandelt sich in einen Hasen, aber Cerridwen transformiert sich ihrerseits in einen Greyhound und bleibt ihm dicht auf den Fersen. Gwion stürzt sich in einen Fluß und verwandelt sich in einen Fisch. Cerridwen verfolgt ihn als Otter. Er fliegt als Vogel in die Luft. Sie wird zum Falken. Er wird zu einem Weizenkorn auf einem Scheunenboden, sie wird zur Henne und frißt ihn.

Aber das ist noch nicht das Ende Gwions. Als Cerridwen sich in ihre eigene Gestalt zurückverwandelt hat, muß sie feststellen, daß sie mit Gwion schwanger ist. Neun Monate später bringt sie ihn zur Welt und beabsichtigt, ihn zu töten, aber er ist so schön, daß sie es nicht übers Herz bringt. Statt dessen legt sie ihn in einen Ledersack und wirft ihn ins Meer. Er treibt zwei Tage lang auf dem Wasser und wird dann von Elphin, einem Neffen des Königs von Nordwales, aus einer Fischreuse für Lachse gerettet. Er tauft ihn Taliesin (Glänzende Stirn).

Der Lachs ist von Bedeutung, denn er wurde damals in der keltischen Welt als Symbol des Wissens und der Weisheit betrachtet. Seine scheinbar magische Fähigkeit, aus dem Meer zu entfliehen und seinen Weg flußaufwärts zu finden, wobei er, falls erforderlich, selbst Wasserfälle überwindet, um jedes Jahr zu seinen Laichgründen zu gelangen, galt als angemessenes Zeichen für sein verborgenes Wissen.

Im modernen Paganismus wird Cerridwen oft mit Hekate in Verbindung gebracht. Beide sind Göttinnen, die für Magie zuständig sind, und bei beiden besteht ein Zusammenhang mit dem Greisinnenaspekt der Göttin, dem abnehmenden Mond. Ein populärer Gesang lautet:

Hekate, Cerridwen, Dunkle Mutter, nimm uns auf;
Hekate, Cerridwen, laß uns wiedergeboren werden.

Warum sollte für diese, oberflächlich gesehen, wenig anziehenden Aspekte der Göttin so viel Interesse aufgebracht werden?

Cerridwen ist eine Göttin der Transformation und daher der Initiation. Viele Menschen, die heutzutage zum Paganismus stoßen, suchen nach innerer Weisheit und Transformation, Wissensgebiete, die einst zum Bereich der alten paganischen Mysterienschulen gehörten. Cerridwen ist die Bewahrerin verborgener Weisheit und zugleich furchterregend als Hexe und Verfolgerin, aber sie bietet demjenigen, der auf ihrem Weg wandelt, Einsicht in die Tiefen seiner Seele und seines Wesens.

Sternengöttin: Arianrhod

Arianrhod ist eine weitere walisische Göttin und wird oft in der Hexenbewegung und im Druidentum angerufen. Ihr Name bedeutet ›Silberrad‹, und sie ist die Mutter von Lleu Llaw Gyffes, dem walisischen Pendant des irischen Gottes Lugh. Ein Gesang, der ihr gilt, heißt:

> Arianrhod, Arianrhod,
> Silberrad, Silberrad,
> Krone der Sterne, noch immer glänzt Du.

Caer Arianrhod, die Burg von Arianrhod, liegt im nördlichen Himmel, und Arianrhod selbst wird mit dem Polarstern in Verbindung gebracht. Caer Arianrhod wird in einigen Traditionslinien der Hexenbewegung als das Leuchtfeuer, das uns den Weg zu unserem spirituellen Bestimmungsort weist, und deswegen als besonders geheiligt angesehen.

Feuergöttin: Bride

Die irische Göttin Brigit, Bride oder Brigitta, Patronin der Künstler, Schmiede und Heiler, wird im Druidentum und in der Hexenbewegung verehrt. Bride war die Tochter des Dagda oder Guten Gottes, des Hauptgottes der irischen Volksgruppe *Tuatha dé Danaan*, des Volkes der Dana, wobei Dana die Muttergöttin ist.

Brigit wurde häufig als Dreifache Göttin beschrieben. Ihr Hauptheiligtum war in Kildare, wo ihr nächtliches Feuer von unverheirateten Priesterinnen namens Inghean und Dagha, Töchtern des Feuers, betreut wurde. Mit der Christianisierung Irlands wurde Brigit zur heiligen Brigit, und ihr Heiligtum wurde von Nonnen übernommen. Der Legende zufolge erhielten die Nonnen ihre heilige Flamme weiter bis ins dreizehnte Jahrhundert, in dem dann der Bischof von Kildare verfügte, daß es sich um einen heidnischen Brauch handle, der eingestellt werden müsse. Trotzdem blieb Brigit bis in die heutige Zeit hinein in Irland und Schottland eine sehr populäre Heilige. Ihre Bedeutung kam der der Jungfrau Maria gleich.

Rhiannon

Rhiannon ist eine der wichtigsten Göttinnen im walisischen Mythos. Gelehrte meinen, ihr Name bedeute ›Große Königin‹. Manche glauben, sie sei die Göttin der Pferde, die auf dem europäischen Festland als Epona verehrt wurde. Epona wurde von ihren römischen Anhängern als *Regina*, als Königin gefeiert. Sowohl Kelten als auch Römer verehrten sie während der Zeit des Imperiums. Rhiannon ist verheiratet mit Pwyll, dem Herrn von Llys Arberth, der später als Gott des Jenseits bekannt wurde. Pwyll traf Rhiannon erstmals in Gorsedd Arberth, als er sie, in Gold gekleidet, auf einem großen weißen Roß vorüberreiten sah. Er verfolgte sie, aber so schnell er auch ritt, er konnte sie nicht einholen. Erst als er sie in seiner Verzweiflung anflehte, stehenzubleiben und mit ihm zu sprechen, hielt sie ihr Pferd an und beschloß, ihn zu heiraten, womit sie ihn ihrem Freier Gwal vorzog.

Freya

Freya wird heute von den Paganen der nordischen Tradition und in der nordeuropäischen Wicca-Bewegung verehrt. Für unsere nördlichen Vorfahren war sie die wichtigste Göttin der Wanen-Gottheiten.

Der im Mittelalter lebende isländische Gelehrte Snorri Sturloson, der viel von dem aufzeichnete, was wir heute über die Religion Nordeuropas wissen, berichtet, daß Freya die berühmteste der Göttinnen war. Sie und Odin sind die am häufigsten erwähnten Gottheiten in deutschen mittelalterlichen Texten.

Freya ist die Göttin der Liebe, Schönheit und Fruchtbarkeit, aber die Hälfte der in der Schlacht Getöteten gehört ebenfalls ihr. Zusammen mit den über die Schlachtfelder reitenden Walküren trifft sie ihre Wahl. Diejenigen, die nicht in ihre Festhalle geholt werden, kommen in die von Odin. Freya ist verheiratet mit Odur, dessen Name so sehr dem Odins ähnelt, daß viele Freya und Frigga, Odins Frau, für die gleiche Göttin halten.

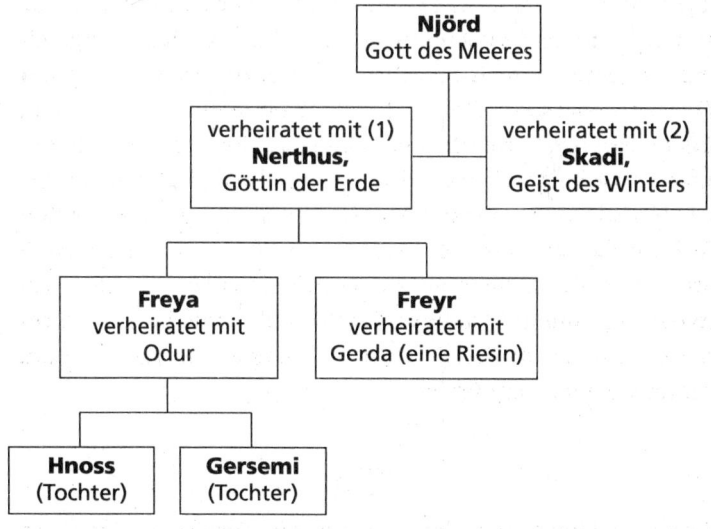

Die Wanen-Gottheiten

Eine Geschichte über Freya erzählt ihre Reise in ihrem zweirädrigen, von Katzen gezogenen Triumphwagen, auf der Suche nach ihrem verschwundenen Ehemann. Während der Fahrt vergießt sie Tränen, die sich in Tropfen aus Gold oder aus Bernstein verwandeln – letzterer wurde lange Zeit mit der Göttin in Verbindung gebracht. Es wird behauptet, daß Bernstein wegen Freyas Fahrt in Nordeuropa so weit verbreitet ist. Im Mythos wird nicht verraten, weshalb Odur verschwunden ist. Die Beziehung zwischen ihm und Freya ist keineswegs monogam, auch wird sie oft wegen ihrer Neigung zu Liebhabern gehänselt.

Freya ist zudem die Patronin der Magie. Sie lehrte den Hauptgott Odin die Kunst der Weissagung (*Seidr*). Dies war in erster Linie eine weibliche Kunst, die von geschulten Priesterinnen ausgeübt wurde, den *Völvas* und *Seidkonas*. *Völva* bedeutet Prophetin. *Seidkonas* hatten eine ähnliche Funktion und praktizierten Magie. *Seidr* umfaßt die Erzeugung einer Trance, um die Reise ins Jenseits anzutreten. Der Tradition gemäß wurde die Priesterin auf einen hohen Stuhl oder eine Plattform gesetzt und von einem Chor unterstützt, der rituelle Gesänge intonierte. Dies ist den antiken griechischen Praktiken der Orakelbefragung, zum Beispiel der von Delphi, nicht unähnlich. Genau wie dort wurden möglicherweise den visionären Prozeß unterstützende Drogen angewandt.

Frigga

Frigga ist die Mutter der Götter und Göttinnen des Himmels. Sie hat die Macht, in die Zukunft zu sehen, und *kennt jedermanns Schicksal, obwohl sie selbst nichts sagt.* Sie ist Schutzherrin der Ehe und Fruchtbarkeit und scheint wesentlich keuscher zu sein als Freya. Bei Hochzeitsfesten wurde immer auf ihre Gesundheit getrunken. Sie wurde auch bei den Wehen der

Gebärenden angerufen. Ihre Halle war Fensalir, wohin Ehepaare, die einander treu gewesen waren, nach dem Tod kommen sollten. Dort saß sie und verspann goldene Fäden. Das Sternbild des Orion war als ›Friggas Spinnrad‹ bekannt.

Trotz Friggas häuslicher Züge hat sie das Image einer mittelalterlichen Hexe. Ein Bild der nackten Frigga auf einem Spinnrocken, der einem Besenstiel äußerst ähnlich sieht, ist an der Wand der Kathedrale in Schleswig zu besichtigen. Dieses Gemälde stammt aus dem zwölften Jahrhundert, woraus man schließen kann, daß zu dieser Zeit die Göttinnenverehrung noch nicht endgültig vom Christentum unterdrückt wurde.

Götter

Der moderne Paganismus hat viele Götter, die, wie die Göttinnen, aus verschiedenen Kulturkreisen stammen. Die Menschen kommen auf der Suche nach der Göttin zum Paganismus, die Verehrung für den Gott kommt möglicherweise später. Manche ziehen es vor, ihre Spiritualität ausschließlich auf die Göttin zu konzentrieren. Das Schöne am Paganismus ist, daß es in ihm – wie im Hinduismus, aber anders als in den Religionen, die in den vergangenen Jahrhunderten im Westen vorherrschten – für jeden von uns Spielraum gibt, um eine persönliche Spiritualität entfalten zu können, die den eigenen Bedürfnissen entspricht. Hier ist Raum für Entwicklung. Wenn wir durch unsere spirituellen Übungen in eine engere Beziehung mit dem Göttlichen treten, kann sich unser Verständnis vertiefen und verwandeln. In der einen Phase unseres Lebens haben wir vielleicht den Wunsch, uns auf die Mysterien des Gottes, in einer anderen den, uns auf die Mysterien der Göttin zu konzentrieren. Oder vielleicht werden uns die Lektionen, die wir lernen müssen, besser durch Gottheiten eines bestimmten Kulturkreises vermittelt. Dies alles steht uns frei, denn die Götter des Paganismus kennen keine Eifersucht.

Das Gottesbild des Paganismus unterscheidet sich von dem des Monotheismus in verschiedener Hinsicht. Im Paganismus wird der Gott als innerhalb der Natur waltend begriffen. Er ist der Gott der Fruchtbarkeit und Herr der Herden, dem die Tiere gehorchen. An ihn wenden wir uns, wenn wir der Nahrung wegen jagen müssen. Er ist ein Vatergott, liebevoll und beschützend, er hegt seine Kinder; er behütet das Land, wenn der kalte Winter kommt; er ist ungestüm in der Schlacht und beim Schutz der Schwachen, Erschöpften und schwer an ihrer Last Tragenden. Der Gott ist alt und dennoch jung; stark und unerschütterlich; Licht, Energie, Bewegung und Kreativität zeichnen ihn aus. Die Gottesbilder des Paganismus schließen Lebenskraft und Sexualität ein. Die Menschen werden in ihrer Ganzheit betrachtet – das heißt, daß wir Kreaturen mit Urtrieben, mit menschlicher Liebe und Fürsorge und mit spirituellen Sehnsüchten und Bemühungen sind.

Ähnlich wie bei der Göttin sind im heutigen Paganismus bestimmte Aspekte der Götter in den Vordergrund gerückt, um den modernen Bedürfnissen zu entsprechen. Zwei der bekanntesten sind der Gehörnte Gott und der Grüne Mann. Diese Aspekte der Gottheit spiegeln die Sorge des heutigen Paganismus um die Erhaltung unseres Planeten und unserer natürlichen Umgebung wider. Die Vorstellungen vom Göttlichen als Teil der Natur, die zum Beispiel vom Gehörnten Gott und dem Grünen Mann vermittelt werden, sind ein wesentlicher Teil dieses Prozesses. Sie enthalten zugleich die Erkenntnis, daß wir ein erfülltes und ganzheitliches Leben nur führen können, wenn wir uns selbst als Teil der Natur und nicht als von ihr getrennt betrachten.

Der Gehörnte Gott

Der gehörnte und phallische Gott ist ein Bild, das man in vielen paganen Kulturen findet. Als Pan wurde er von den Griechen verehrt, als Faunus von den Römern. Für die Ägypter war er der phallische – wenngleich ungehörnte – Bes, der Zwerggott, der angerufen wurde, um bei Geburten beizustehen. Zudem war er ein Schutzherr von Musik und Tanz. Für die Kelten war er Cernunnos oder Herne, Namen, die von dem Wort ›Horn‹ abstammen.

Cernunnos' geheiligtes Tier ist der Hirsch. So wird der Gehörnte Gott von den heutigen Paganen in erster Linie als Hirschgott verehrt. Sein Körper ist der eines Mannes, aber er hat Bocksfüße, und sein Geweih reicht bis zum Himmel, so daß er damit die Kraft der Sonne einfangen kann. Das pagane Bild des Gehörnten Gottes wurde in den vergangenen Jahrhunderten durch die Bestrebungen, ihn mit dem Teufel der Christen gleichzusetzen, heftig diffamiert. Doch der moderne Paganismus hat seine Erneuerung und Rehabilitation erlebt.

Warum kann dieses scheinbar primitive und animalische Image eine solche Anziehungskraft ausüben? Viele Menschen, die sich dem Paganismus zugewandt haben, glauben, daß die rein verstandesmäßigen und zölibatären Gottesvorstellungen, die sich in den vergangenen Jahrtausenden durchgesetzt haben, sich sowohl auf Frauen wie auf Männer negativ auswirken. Der christliche Gott ist ein entsexualisierter Gott, was Probleme schafft, wenn wir mit unserer sexuellen Natur in Einklang sein wollen. Er hat zwar einen Sohn, der jedoch nicht auf Grund von Sex zwischen Vater und Mutter geboren wurde. Statt dessen wurde die Mutter von einem spirituellen Wesen aufgesucht und blieb physisch gesehen Jungfrau. Die stillschweigende – und oft genug auch deutlich ausgesprochene – Botschaft lautet, daß Sexualität etwas Schlechtes sei. Die Konsequenz ist, daß ein Mann Frauen begehrt und dabei Schuldgefühle hat. Häufig resultiert daraus Furcht vor Frauen oder Widerwillen gegen sie. Die Frauenfeindlichkeit der vergangenen Jahrhunderte wurde durch eine solche Denkweise begünstigt.

Der Grüne Mann

Der Grüne Mann ist eine sehr frühe Gottheit. Oft wird er mit der Großen Muttergöttin in Verbindung gebracht. Er ist ihr Sohn und zugleich ihr Liebhaber. Sie gebärt ihn; er befruchtet sie; sie opfert ihn, und er wird wiedergeboren. In diesem Mythos kam für einige unserer Vorfahren das im Frühjahr immer wiederkehrende Grün und sein Verschwinden im Herbst zum Ausdruck.

Der Grüne Mann verkörpert die erneute Fruchtbarkeit der Erde nach der Kahlheit des Winters. Er stellt damit einen phallischen Aspekt des Gottes und den Aspekt der Fülle dar. In der babylonischen Mythologie wird er mit Tammuz, dem Sohn und Liebhaber der Göttin Ischtar, in Verbindung gebracht. Der ägyptische Osiris mit dem grünen Gesicht war ebenfalls ein solcher Gott der Vegetation, der angesichts seiner Fähigkeit zur Wiederauferstehung auch als Herr des Jenseits angesehen wurde. Vom Mythos der nahöstlichen Vegetationsgötter wurde vieles in die christlichen Legenden des sterbenden und wiederauferstehenden Gottessohnes übernommen.

In folkloristischen Feiern erscheint in England der Grüne Mann als großer, mit Laub bekleideter Mann, der einen Stock trägt. Viele Paganen sind der Meinung, daß die englischen Geschichten von Robin Hood, der jungen Frau Marian und ihrem männlichen Gefolge in Sherwood Forest, die die Bauern gegen die Habgier christlicher Kleriker und feudaler Oberherren schützten, ihre Wurzeln in paganen Mythen vom Grünen

Mann haben. Begleitet von der Göttin, sei er in den Wäldern umhergewandert und habe das Leben dort behütet und gehegt.

Dagda

Aspekte des Grünen Mannes wurden auch in dem irischen Gott Dagda gefunden. Dagda ist der Allvater, *Eochaid Ollathair*, weise und allwissend. Seine Waffe ist eine Keule, und er besitzt auch einen magischen Kessel, der niemals geleert werden kann. Einigen Theorien zufolge stellt die riesige phallische Kreidefigur mit einem Stock, die in den Berghang beim Dorf Cerne Abbas in Südwestengland gemeißelt wurde, Dagda oder sein englisches Äquivalent dar.

Freyr

In der nordischen Tradition gibt es Aspekte sowohl des Grünen Mannes als auch des Gehörnten Gottes in Freyr, dem Hauptgott der Wanen, dessen Name ›Herr‹ bedeutet. Freyr und seine Zwillingsschwester, die Göttin Freya, sind die Kinder der Fruchtbarkeits- und Erdgöttin Nerthus und des Meeresgottes Njörd. Freyr zeichnet sich durch seinen erigierten Phallus aus und hat Ähnlichkeit mit anderen Naturgöttern wie Cernunnos und Pan. Die Verbindung mit dem Gehörnten Gott wird ersichtlich, wenn Freyr den Zerstörer Surt mit dem Geweih bekämpft, weil er sein magisches Schwert als Teil eines Brautpreises abgegeben hat.

Thor

Einige Aspekte des fruchtbaren, lebenslustigen Grünen Mannes finden sich in der nordischen Tradition auch in der Figur des rotbärtigen Gottes Thor. Thor wird mit Eichen in Verbindung gebracht. Wir wissen, daß die germanischen Stämme ihre Götter zumeist in Waldlichtungen verehrten. Thor war ein populärer Gott, seine Gebiete waren sowohl der Ackerbau wie der Krieg.

Thor wurde als Sohn Odins und der Riesin Jord oder Jorth, die die Erde verkörpert, geboren. Er hat sehr weltliche Züge, reist in einem von zwei Ziegenböcken gezogenen Wagen, genießt das Leben und verfügt über eine ungeheure Eß- und Trinklust.

Thors Stärke ist mit der Dagdas vergleichbar, aber seine Waffe ist keine Keule, sondern ein Hammer, Mjölnir, mit dem er Riesen niederschlagen und Felsen zerschmettern kann. Die Römer brachten Thor mit Herkules, einem anderen mächtigen Keulenschwinger, in Verbindung.

Thor ist keinesfalls nur oder in erster Linie ein Grüner Mann. Er ist auch der Gott des Blitzes. Die Römer sahen bei ihm Ähnlichkeiten mit dem Himmelsgott Jupiter, für den die Eiche ebenfalls ein geheiligter Baum war.

Zusammen mit Odin und Freya war Thor einer der am meisten verehrten nordischen Götter. Seine Popularität zeigt sich in den zahlreichen Abbildungen seines Hammers. Das Zeichen des Hammers wurde benutzt, um Grenz- und Gedenksteine für die Toten zu markieren. Auch das Neugeborene wurde mit dem Zeichen des Hammers gesegnet. In Gestalt von Thor war dieser Gott einer von drei Gottheiten, welche die Sachsen in Britannien aufgeben mußten, als sie zum Christentum konvertierten.

Odin

Eine weitere Gestalt, der im heutigen Paganismus große Verehrung entgegengebracht wird, ist Odin, auch unter seinem angelsächsischen Namen Woden oder Wotan bekannt. Der

Mittwoch (wednesday) im englischen Kalender war ursprünglich Wotanstag. Dieser Tag ist in der französischen und anderen auf dem Lateinischen basierenden Sprachen als ›Merkurs Tag‹ bekannt, und Odin hat mit dem römischen Merkur einige Gemeinsamkeiten. Beide werden mit Mänteln und breitkrempigen Hüten dargestellt. Beide verfügen über große Weisheit, aber auch Verschlagenheit. Andererseits wird Odin im allgemeinen als alter Mann und Merkur als Jüngling gesehen. Odin ist *Alfadhir*, der Allvater. Hier einige der vielen Beziehungen zu den anderen Göttern von Asgard, dem Heim der Asen oder Hohen Götter:

Viele Gelehrte glauben, daß die Wanen die Götter der Bronzezeit gewesen seien, deren Nachfolger in Konflikt mit den eindringenden Indo-Europäern der Eisenzeit und ihren kriegerischen Göttern, den Asen, gerieten. In den Mythen wird beschrieben, wie ein Krieg zwischen den beiden Göttergruppen ausgefochten und dann mit dem Austausch von Geiseln beendet wurde. Freya und ihr Vater Njörd wurden nach Asgard geschickt, um sich dort niederzulassen, und die Asen schickten zwei Geiseln zu den Wanen. Die Sitte, wichtige Geiseln auszutauschen, um den Frieden zu sichern, war in diesen alten Zeiten üblich und spiegelte möglicherweise ein religiöses Übereinkommen wider, nach dem jeweils zwei der vorherigen Gegner die Götter der anderen übernahmen.

Odin ist der Gott der Weisheit, des Wissens und der Kommunikation, und er unterzieht sich zahlreichen Prüfungen, um all das zu erwerben. Er besitzt zwei Raben (Gedanke und Erinnerung), die Hugin und Munin heißen und in der Welt umherfliegen, um ihm Nachrichten zu überbringen. Ihr Anblick wurde von Odins Gefolge, das seine Schlachten unter einem Rabenbanner ausfocht, als gutes Omen betrachtet. Wie dem auch sei, Odins Wissen bezieht sich nicht nur auf diese Welt, sondern auch auf das Jenseits. Eine der Geiseln, die zu

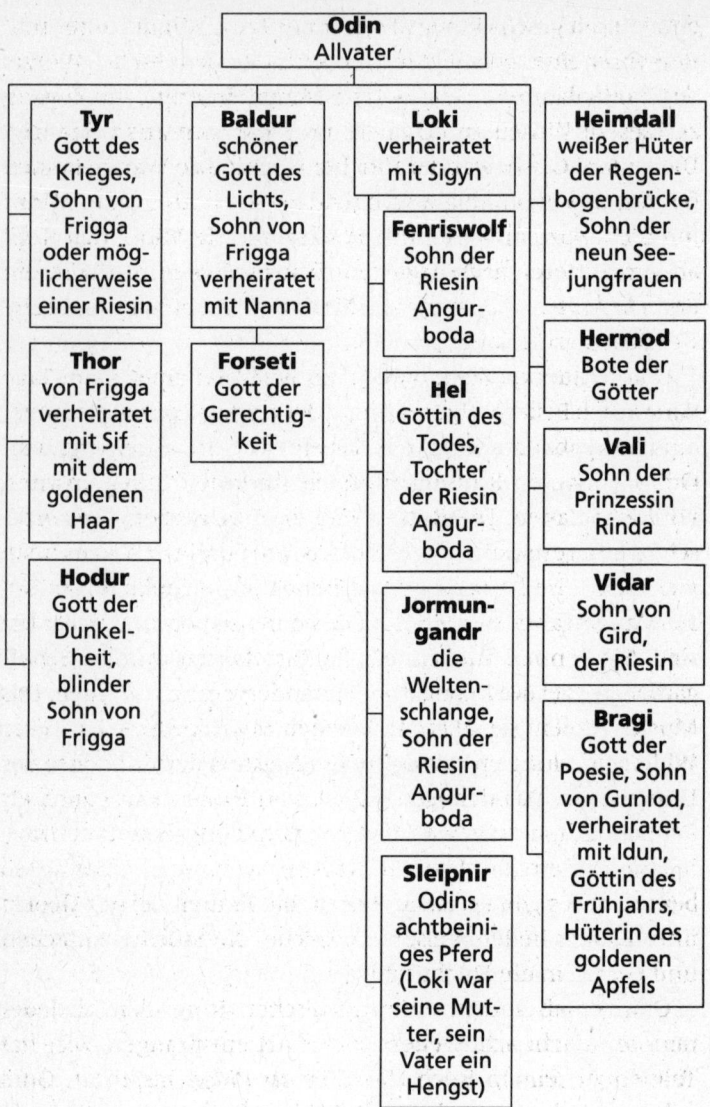

Die Asen

den Wanen geschickt wurde, war der Riese Mimir, Hüter und Bewahrer einer geheiligten Quelle des Wissens an der Wurzel des Weltenbaumes. Odin opferte Mimir ein Auge, um Zugang zu diesem Wissen zu erhalten, und war hinterher einäugig. Die andere Geisel war der törichte Hoenir. Die Wanen fanden heraus, daß er unfähig war, irgend etwas zu tun, wenn Mimir ihn nicht dazu anwies. Empört schnitten sie Mimir den Kopf ab, um letzteren nach Asgard zurückzuschicken, wo Odin ihn dann benutzte, um an ihm zu bis dahin verborgen gebliebene Kenntnisse zu gelangen.

Odin entdeckte auch die Runen während einer neun Tage dauernden Feuerprobe, während der er, den Kopf nach unten, am Weltenbaum hing und fastete. Die Beschreibung von Odins schweren Prüfungen ähnelt stark den Initiationsriten von Schamanen. Die Runen sind die Buchstaben des nordischen und germanischen Alphabets, aber darüber hinaus noch viel mehr. Sie können als magisches und prophetisches System angewandt werden, als das sie heute populär geworden sind. Sie können ähnlich wie die Tarotkarten und die Schafgarbenstengel des I-Ging durcheinandergemischt werden. Das Muster, in dem sie fallen, stellt einen Mikrokosmos dar – eine Widerspiegelung en miniature des Musters der Ereignisse des Universums. Das richtige ›Singen‹ von Runen kann auch als Zaubermethode angewandt werden, und mit Sicherheit sträuben sich einem die Haare im Nacken, wenn man es zu hören bekommt. Es gibt spezielle Runen, die Frauen bei der Geburt ihres Kindes helfen, außerdem solche, die Stürme entfachen und Feinde in die Flucht schlagen.

Odin besaß zudem einen magischen Ring, dem in jeder neunten Nacht acht weitere seiner Art entsprangen. Dies hat Tolkien zu seinem Buch ›Der Herr der Ringe‹ inspiriert. Odin gehörte auch ein achtbeiniges Zauberpferd namens Sleipnir. Achtbeinige Pferde haben eine schamanische Bedeutung und sind in Sibirien als die Pferde bekannt, auf denen Schamanen zwischen den Welten reiten.

Der Gehörnte Gott, in der Hexenbewegung verehrt, hat einige Gemeinsamkeiten mit Odin. In England ist Herne sowohl Hirschgott als auch Anführer der ›Wilden Jagd‹. Diese Funktion hatte ursprünglich Odin inne. Das Thema an sich ist eher germanischen als keltischen Ursprungs.

Götter des Lichts

Im paganen Kalender gibt es viele Festtage, an denen der Gott in Sonnengestalt erscheint, entweder als Sonnenkönig, Sonnenkind, als Kind der Verheißung oder als Träger des Lichts. Diese Aspekte des Gottes werden in erster Linie mit der Winter- und Sommersonnwende in Zusammenhang gebracht, obwohl der keltische Gott Lugh auch dem Erntefest von Lughnasadh zugeordnet wird. Die Sonnwenden bieten einen natürlichen Anlaß, an die Sonne zu denken, denn wir befassen uns mit etwas dann am intensivsten, wenn es sehr lange an- oder abwesend ist.

Lugh

Lugh ist eine irische Gottheit, der Enkel des heilenden Gottes Dian Cecht. Er kommt an der Spitze einer, wie es im irischen Text beschrieben wird, ›ungewöhnlichen Schar‹ in die Halle des Hohen Königs von Irland in Tara. Lugh wird als junger Krieger mit liebenswürdiger Miene geschildert, ausgerüstet wie ein König. Er verlangt, vorgelassen zu werden, doch man erklärt ihm, niemand dürfe eintreten, es sei denn, er verfüge über eine nützliche Fähigkeit. Daraufhin erwidert Lugh, er beherrsche die meisten aller anerkannten Berufe, und zählt sie ungefähr ihrem Wert nach auf. Zuerst erklärt er, er sei Zimmermann, aber das reicht nicht aus, denn Tara verfügt bereits über einen solchen Handwerker. Dann behauptet er, Schmied, Turnierkämpfer, Harfenist, Held, Historiker, Magier, Arzt und Dichter zu sein. Nichts von all dem genügt. Danach verkündet er, auch ein Kunsthandwerker mit geringerem sozialen Status zu sein; als dies noch immer nicht genügt, um Zutritt zu bekommen, erkundigt er sich, wohl etwas verzweifelt, ob es denn sonst irgend jemand in Tara gäbe, der über all diese Fähigkeiten verfüge. Es ist keiner da. Also wird Lugh in Tara eingelassen, wo er Berater des Königs wird.

Baldur

In der nordischen Tradition ist Baldur ein Gott des Lichts und des Glanzes, sein blinder Bruder Hodur der Gott der Dunkelheit. Beide sind die Söhne Friggas und Odins. Odin graviert auf Baldurs Zunge die Runen ein, was ihm Macht verleiht, sie auf gewisse Weise zu singen und so Magie auszuüben. Er ist so schön und gut, daß seine Erscheinung jedermann mit Glück erfüllt. Er wohnt in einer heiligen Halle, in die nichts Unreines eindringen darf. Ihre Wände sind aus Gold und ihr Dach aus Silber. Baldur ist verheiratet mit Nanna, deren Name ›Blüte‹ bedeutet. Er ist so gut wie unsterblich, denn es existiert nur ein Ding, das ihm schaden kann: die Mistel.

Es gibt einige interessante Parallelen zwischen der Geschichte von Baldur und dem keltischen Mythos. Das Äquivalent von Lugh in den walisischen Mythen ist Lleu Llaw Gyffes, der ›Leuchtende mit der geschickten Hand‹. Seine Mutter Arianrhod hat ihn mit einem Fluch belegt: Niemand darf ihm ohne ihr Einverständnis einen Namen geben, er soll keine Arme haben, solange sie ihm keine zukommen läßt, und er darf keine sterbliche Gattin haben. Ohne Namen, Arme und Gattin kann er niemals erwachsen werden. Wie Baldur ist Lleu auf übernatürliche Weise vor dem Tod geschützt. Er kann weder inner- noch außerhalb von Räumen, weder auf dem

Land noch im Wasser, weder nackt noch bekleidet getötet werden – außer durch einen Speer, der zu einem Zeitpunkt angefertigt wird, zu dem solche Arbeiten verboten sind. Der Magier Gwydion hilft Lleu, den Fluch seiner Mutter zu überwinden, und zaubert für ihn aus Blumen eine Ehefrau, Blodeuwedd, deren Name an den von Nanne (Blüte), Baldurs Frau, denken läßt.

In beiden Fällen plant ein Feind heimlich, den übernatürlichen Schutz des Gottes zu überwinden und ihn zu töten. Im Fall von Baldur ist dies der Halbbruder Loki, bekannt als der Zauberer von Lies, der seinen Sturz bewirkt. Im walisischen Mythos ist es Blodeuwedd. Lleu enthüllt ihr seinen einzigen verwundbaren Punkt und stirbt durch einen Speer von Blodeuwedds Liebhaber. Baldur kommt um, nachdem Loki ihrer Mutter Frigga das Geheimnis entlockt hat, daß nur eine Mistel seinen Halbbruder töten kann. Um die Wintersonnwende herum fertigt Loki einen Pfeil aus Misteln an und bringt Baldurs Bruder, den blinden Hodur, durch einen Trick dazu, ihn zu werfen. Baldur wird getötet. Er kann nicht wiedergeboren werden, weil Loki das hintertreibt. Lleu jedoch wird gerettet. Als der Speer in ihn eindringt, verwandelt er sich in einen Igel, wird schließlich befreit und erhält seine alte Gestalt zurück.

Dies sind bei weitem nicht alle verschiedenen Formen, in denen moderne Paganen ihre Götter verehren. Die hier beschriebenen vermitteln einen Eindruck von der Fülle paganer Mythologie und ihrer zeitgenössischen Interpretation, die den Erwartungen moderner Paganen entspricht. Im nächsten Kapitel werden wir einen Blick auf die paganen Feste werfen und sehen, wie die unterschiedlichen Aspekte der Gottheiten zu verschiedenen Zeitpunkten des Jahreszyklus gefeiert werden.

V
Pagane Feste

Alle Religionen haben jahreszeitlich bedingte Feste, die im Kalender stehen. In Ländern, in denen das Christentum die dominierende Religion ist, sind gesetzliche Feiertage im wesentlichen christliche Feiertage. Sie betreffen die Geschichte eines Mannes, der als inkarnierter Gott betrachtet wird, und das Leben der Heiligen. Viele der Vorstellungen und Symbole wurden vom vorchristlichen Paganismus übernommen. Das ist besonders in den Ländern offensichtlich, in denen der katholische Glaube vorherrscht.

Die meisten Paganen feiern einen jahreszeitlichen Zyklus von acht Festen. Vier davon sind unter ihrem keltischen Namen bekannt. Die anderen vier beziehen sich auf den Sonnenzyklus – die Tagundnachtgleiche im Frühjahr und Herbst, der längste Tag, die Sommersonnwende, und die längste Nacht, die Wintersonnwende. Diese acht Festtage sind gleichmäßig über das Jahr verteilt, so daß es alle sechs bis sieben Wochen einen paganen Feiertag gibt. Dieser jahreszeitliche Zyklus wird oft als ›Rad des Jahres‹ bezeichnet.

Es folgen die Daten der Hauptfeiertage in der nördlichen Hemisphäre.

In Australien und Neuseeland ist der längste Tag am 20./21. Dezember, der Zyklus muß entsprechend angepaßt werden.

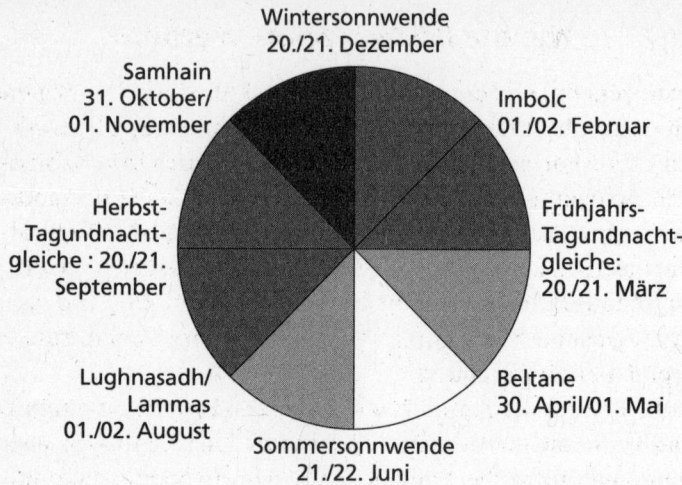

Das ›Rad des Jahres‹ in der nördlichen Hemisphäre.

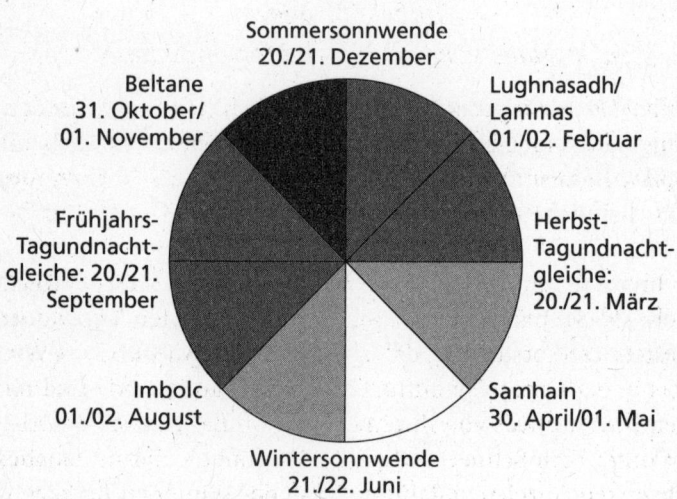

Das ›Rad des Jahres‹ in der südlichen Hemisphäre.

Wie die Feste gefeiert werden

Im folgenden wird der jahreszeitliche Zyklus einer gemäßigten Klimazone beschrieben. Innerhalb des Paganismus gibt es verschiedene Formen, die Feste zu feiern, und auch unterschiedliche Schwerpunkte. Im hohen Norden, in Teilen von Skandinavien und Kanada beispielsweise, ist die Frühjahrs-Tagundnachtgleiche keine sinnvolle Zeit, um die Aussaat zu feiern. Ihr Zeitpunkt liegt wesentlich später, da die für die Landwirtschaft geeignete Phase nur von Ende April bis in den frühen September hinein dauert.

Die Feste sind mit unterschiedlichen Tageszeiten verknüpft. Das heißt nicht, daß wir genau dann feiern müssen, aber wenn wir über die Symbolik des betreffenden Zeitpunkts nachdenken, werden wir die Bedeutung des Festes leichter verstehen.

Imbolc/Lichtmeß
(Die Stunden vor und bis zur Morgendämmerung)

Imbolc ist ein irisches Wort, ursprünglich hatte es die Bedeutung ›im Bauch‹. Manche Paganen verbinden es auch mit *Oimelc*-Schafsmilch. Gelegentlich wird auch die Bezeichnung des christlichen Kalenders gebraucht: Lichtmeß – das Fest der Kerzen.

Imbolc ist ein Fest, das sowohl der Göttin als auch der Rückkehr des Lichts gewidmet ist. In vielen paganen Traditionen besteht die Vorstellung, daß sich die Göttin während des Winters in der Unterwelt aufhält, denn das Land ist öde und nirgendwo ist etwas von ihrem grünen Umhang zu sehen. Alles ist unter dem Schnee verborgen. Um Imbolc herum tauchen die ersten Anzeichen dafür auf, daß der Winter zu Ende geht. Obwohl die Tage nach der Wintersonnwende länger werden, macht sich der Zuwachs an Tageslicht erst am Abend bemerkbar. Lange kommt die Morgendämmerung immer noch ein bißchen später. Ab Imbolc jedoch ändert sich das deutlich. Wir fangen an darauf zu vertrauen, daß die Sonnen, zurückkehrt.

Der länger werdende Tag weckt die Natur. Die ersten Frühlingsblumen – Schneeglöckchen, Krokusse – sprossen manchmal sogar noch aus dem Schnee hervor. Auch wenn das Land noch immer kahl scheint, wissen wir, daß die Lebenskraft erwacht und sich nun wieder erneuern wird.

Unsere Vorfahren feierten dieses Fest mit Licht. In Skandinavien wurde eine junge Frau, die die Göttin darstellte, mit einer Krone aus Kerzen geschmückt. In nordischen Ländern organisierten die Menschen Fackelprozessionen, um mit Feuer die Rückkehr der Sonne zu feiern. Zu dieser Zeit wurden auch die Lämmer geboren – daher der Bezug zur Schafsmilch.

Die heutigen Paganen feiern Imbolc auf unterschiedliche Weise. Die Göttin wird aufgefordert, die Unterwelt zu verlassen und in die ›Mittelwelt‹, die Welt der Natur, zurückzukehren. Dies kann durch Anrufung von einer oder mehreren Personen geschehen. Es kann sich dabei um eine schöne rituelle Dichtung oder ein Prosastück handeln oder um einen Gesang, in dem die Göttin bisweilen auf die Jahreszeit abgestimmte Namen erhält. Es kann auch eine Anrufung durch einen einzelnen Paganen, der ohne Worte eine Kerze entzündet, sein – oder durch eine singende und zu wilder Trommelmusik tanzende Gruppe von Menschen.

Eine Göttin, die an Imbolc immer verehrt wird, ist die keltische Göttin Brigit, Bride oder Brigitta. Als Göttin des Feuers ist sie sinnvollerweise für ein Fest, bei dem die Rückkehr der Sonne und der längeren Tage gefeiert wird, zuständig. Bride wird nicht als verheiratet, sondern als Jungfrau gesehen. Daß unverheiratete Frauen Feuergöttinnen dienen, war in der paganen Gesellschaft üblich. Im alten Rom war Vesta die Feuergöttin. Ihre Dienerinnen waren eigens ausgesuchte Adlige, die ›Vestalinnen‹ genannt wurden und viel Macht und Einfluß hatten.

Bei heutigen paganen Feierlichkeiten kann eine junge Frau gewählt werden, die Bride darstellt. Sie taucht aus dem Dunkel auf und trägt eine Krone aus brennenden Kerzen über einem weißen Schleier, der ihre Reinheit symbolisiert. Sie wird mit den Worten empfangen: ›Bride ist willkommen! Bride ist willkommen!‹ Dieses Bild von Bride findet sich auch noch in der heutigen säkularisierten Gesellschaft – die weißgekleidete und mit Blumen geschmückte Braut. Imbolc ist eine Zeit der Läuterung. Die Fenster in unseren Häusern werden geöffnet, um frische Luft hereinzulassen. Ebenso öffnen wir unser Inneres, um Raum für neue Gedanken zu schaffen. Es ist eine Zeit des Neubeginns und des Auftauchens aus dem Winterschlaf, um mit der Arbeit des vor uns liegenden Jahres zu beginnen.

Frühjahrs-Tagundnachtgleiche (Morgendämmerung)

Beim Frühjahrsäquinoktium wissen wir, daß sich die Jahreszeit tatsächlich ändern und die Lebenskraft sich erneuern wird. Vögel singen und bauen Nester, die Blattknospen der Bäume öffnen sich zu lichtem Grün, der Farbe, die den Frühling kennzeichnet.

Für die alten Germanen war dies das Fest der Göttin Ostara, deren Name der gleichen Wurzel entstammt wie der des Hormons Östrogen. Ostaras Symbol ist das Ei, das heute in manchen Ländern in Form von Schokoladen-Ostereiern, in anderen in Form von grüngefärbten Eiern auftaucht – Ausdruck frühlingshafter Fruchtbarkeit. Es gibt heute im Zusammenhang mit Eiern viele traditionelle Bräuche, die Bestandteil paganer Feiern sind. In manchen Ländern suchen die Kinder Eier, die rund ums Haus und im Garten versteckt wurden. In anderen werden hartgekochte Eier einen Berghang hinuntergerollt, und das schnellste gewinnt. All diese Bräuche erinnern an die Bedeutsamkeit der Erneuerung der Lebenskraft.

Dies ist zudem die Zeit, in der dem landwirtschaftlichen Kalender nach die Saat in die gepflügten Felder gebracht wird und in der die Stunden der Dunkelheit und Helligkeit gleich lang sind. All diese Elemente können in die Frühjahrsfeiern eingeflochten werden. Häufig wird ein junger Mann dazu auserwählt, den jungen Frühlingsgott darzustellen, eine junge Frau übernimmt die Rolle der Frühlingsgöttin. Der Gott mit seinen männlichen Gefährten begegnet der Göttin mit ihren Jungfrauen. Manchmal fliehen sie voreinander, denn das ›Anderssein‹ ist fremd und bedrohlich. Wir müssen uns erst daran gewöhnen, bevor wir es akzeptieren. Ein Werben, Vorrücken und Zurückweichen ist zu beobachten, danach vielleicht ein Austausch von Geschenken, bis schließlich die beiden wesentlichen Aspekte der Lebenskraft zusammentreffen und symbolisch Saat ausgestreut wird, um damit auf den beginnenden Zyklus der Fruchtbarkeit hinzuweisen. Häufig werden von den Gruppenmitgliedern Samen in Töpfe mit Erde gesteckt und die Sämlinge sorgsam gepflegt, bis das Pflänzchen stark genug ist, um verpflanzt zu werden. Auf diese Weise wird jedem von uns das Anliegen des Hegens und Ernährens unmittelbar vermittelt.

Imbolc ist oft die Zeit, um neue Projekte zu planen. Die Frühjahrs-Tagundnachtgleiche ist dann der richtige Zeitpunkt, mit ihnen zu beginnen. In der Natur haben die Vögel ihre Nester gebaut und legen nun Eier. Astrologisch gesehen steht die Sonne jetzt im Zeichen des Widders, das Energie und Aktivität verkörpert. Die Pläne und Ideen, die an Imbolc, also unter dem Luftzeichen Wassermann, entstanden sind, können nun mit Tatkraft realisiert werden.

Beltane/01. Mai (Vormittag)

An Beltane ist das Vorhandensein neuen Lebens überall erkennbar. Die Bäume sind voll duftender Blüten. Die Vögel bebrüten ihre Eier. Der Wald ist von Vogelgesang erfüllt. Löwenzahn und Butterblumen blühen. Die traditionellen Feiern am ersten Mai stehen in ausgeprägtem Zusammenhang mit dem Thema Fruchtbarkeit. Im vorpuritanischen Britannien pflegten junge Burschen und Mädchen am Maiabend gemeinsam in die Wälder zu gehen, um dort Maiblumen zu pflücken. Puritaner stellten mißbilligend fest, daß viele der Mädchen nicht mehr als Jungfrauen zurückkamen. Das ländliche Leben war damals viel erdhafter als heutzutage. Häufig ging der Geschlechtsverkehr der Hochzeit voraus, nicht nur weil junge Männer und Frauen von denselben Impulsen getrieben wurden wie heutzutage, sondern weil in bäuerlichen Gemeinschaften ein Mann mit fruchtbarem Samen und eine Ehefrau, die Kinder gebären konnte, unerläßlich waren. Die Arbeit bedurfte vieler Hände, und je mehr Kinder da waren, desto mehr Hände gab es, um sie zu bewältigen. Die Heirat erfolgte oft erst nach Beginn der Schwangerschaft.

Zu traditionellen Maifeiern gehörte auch die Krönung einer Maikönigin, einer jungen Frau in gebärfähigem Alter, die in der Prozession für das Dorf die junge Göttin verkörperte. In katholischen Ländern gibt es heute ähnliche Prozessionen, bei denen die junge Frau jedoch als Jungfrau Maria verkleidet mitgeht.

Eine weitere Tradition des ersten Mai ist der Tanz um den Maibaum. Während die Maikönigin die Göttin verkörpert, stellt der Maibaum den Gott dar. Mit den von den Tänzern um den Stamm geflochtenen Bändern wird die Fruchtbarkeit des Gottes gefeiert. Maitänze erfordern zwei Kreise von Tänzern. Der eine Kreis tanzt mit der Sonne (im Uhrzeigersinn in der nördlichen und gegen den Uhrzeigersinn in der südlichen Hemisphäre), auch unter dem keltischen Namen ›deosil‹ bekannt. Der andere Kreis tanzt gegen den Uhrzeigersinn und gegen die Sonne. Im westlichen Paganismus ist die Richtung mit der Sonne mit dem Leben, die gegen die Sonne mit dem Tod verknüpft. Der Maitanz verflicht die Kräfte von Leben und Tod, Schöpfung und Zerstörung miteinander und erkennt so an, daß der Tod die unausweichliche Folge des Lebens ist und daß sich nach dem Tod das Leben erneuert. Der Gott ist der phallische Schöpfergott, aber zugleich auch der Herr der Toten.

Sommersonnwende (Mittag)

Um die Sommersonnwende herum wächst die Ernte heran, die Blumen blühen, und in den Herden auf den Wiesen sind die Jungen geboren worden, aber nichts kann andauern und ewig blühen. Die Botschaft des Kosmos lautet Veränderung. Die Tage sind lang, aber bald werden auch die Schatten wieder länger.

In skandinavischen Ländern, die ja einen späteren jahreszeitlichen Zyklus und verkürzten Sommer haben, spielt die Sommersonnwende eine wichtigere Rolle als der erste Mai. Im modernen Schweden und auch in Norwegen ist sie ein offizieller Feiertag. In der Sonnwendnacht werden große Feuer angezündet, um damit die Macht der Sonne zu symbolisieren. Im fernen Norden ist die Sonne eine äußerst willkommene Besucherin. Der Kontrast zwischen Dunkelheit und Licht ist gewaltig, wenn es an Sommertagen vielleicht 20 Stunden lang hell ist – je nachdem wie weit nördlich der Ort liegt – und im Winter dafür eine Nacht unter Umständen überhaupt nicht endet.

Die Riten der Sommersonnwende sind oft dem Sonnenheros gewidmet. In Mythen und in der Geschichte finden sich viele Riten, auch im Grenzbereich zwischen beiden. König Arthur war solch ein Sonnenheros. Er kämpfte für die Macht von Licht und Recht gegen die Kräfte der Zerstörung und der Dunkelheit. Er war eher ein Krieger im Dienste seines Volkes als ein Kämpfer um des Kampfes willen. Er schwang sein Schwert im Dienste des Weiblichen. Es gab im wesentlichen drei Frauen in seinem Leben, Symbol für die Dreifache Göttin – seine dunkle Halbschwester Morgan (Morgana), die Fee, deren Name ›Frau des Meeres‹ bedeutet und die, wie die Schwestern der früheren Pharaonen, auch die Mutter seines Kindes war, Gwenhwyfar (Ginevra) mit dem goldenen Haar, seine unfruchtbare Gattin, und die geheimnisvolle Dame vom See, die ihm das Schwert der Gerechtigkeit anvertraute und es dann zurück in die Jenseitswelt über dem Wasser nahm, als es Zeit für ihn war, zu sterben und selbst dorthin zu kommen.

Die Verbindung zwischen Männlichem und Weiblichem ist in den Symbolismus der Sommersonnwende eingewoben. Der Sonnenkönig befindet sich in der nördlichen Hemisphäre auf der Höhe seiner Macht, wenn die Sonne im astrologischen Zeichen des Krebses steht, beherrscht vom Mond und den meisten weiblichen Tierkreiszeichen. Der eigentliche Sonnenheros ist demnach jemand, der das Weibliche in sich und in anderen kennt und achtet.

Ein keltischer Gott, der bei der Sommersonnwende angerufen werden kann, ist Lugh, Gott des Lichts. Im irischen Mythos erschlägt er – wie viele Sonnenheroen – den alten König, dessen Herrschaft einen schlechten Verlauf genommen hat. In diesem Fall ist der alte König Balor, Lughs Großvater. Balor hat sich auf eine Insel geflüchtet und seine Tochter Eithne gefangengesetzt, weil sie prophezeit hatte, daß sein Enkel ihn töten wird. Eithne gelingt es, Söhne zu gebären, wovon einer Lugh ist. Balor wirft sie alle ins Meer, aber Lugh überlebt und kehrt als Erwachsener zurück, um ihn zu erschlagen.

Eine Auseinandersetzung zwischen dem Gott des alten und dem des neuen Jahres kann Bestandteil der paganen Feiern sein. Die Macht des Lebens steht mit der Macht der Zerstörung und des Todes im Kampf. In der Schlacht der Sommersonnwende tötet der junge Gott den älteren Gott, aber oft wird in den Mythen und Sagen der Sonnenheros verwundet und beginnt allmählich seine Stärke zu verlieren. Dies symbolisiert, daß die Tage kürzer werden, obwohl es noch Hochsommer ist.

Ein weiteres Thema, das in paganen Riten eine Rolle spielen kann, ist die Heirat des Sonnengottes mit dem Land. Das Land wird im paganen Mythos im allgemeinen durch eine Göttin, die die Oberherrschaft innehat, symbolisiert. Er, der die Göttin gewinnt, hat die Kontrolle über das Land. Die Beziehung zwischen Göttinnen des Landes und dem Inhaber der weltlichen Macht – dem König – spielt in der keltischen Mythologie eine wichtige Rolle. Im irischen Text wird darauf hingedeutet, daß ein König mit seiner Stammesgöttin verheiratet werden sollte. Dies findet in Form einer heiligen Hochzeit mit einer Priesterin oder sogar mit einem Tier statt, das die Göttin verkörpert. Der Ritus bezieht sich auf die uralte Vorstellung einer matrilinearen Erbfolge – maßgeblich waren die Nachkommen der Mutter. Das Land wurde in der weiblichen Linie weitervererbt; um König zu werden, mußte ein Krieger eine königliche Prinzessin heiraten. Dies mag ursprünglich der Grund gewesen sein, weshalb die ägyptischen Pharaonen ihre Schwestern heirateten. Die Göttin Maeve von Connaught soll angeblich neun Könige von Irland als Gatten gehabt haben.

Lughnasadh/Lammas (Nachmittag)

Lughnasadh, die Spiele von Lugh, ist die irische Bezeichnung des Festes am 1. August. Es ist auch unter dem angelsächsischen Namen *Lammas* (Laib-Fest) bekannt. Es handelt sich dabei um den ersten Brotlaib, der aus dem frisch geernteten Getreide gebacken wurde. Es wird also die Getreideernte gefeiert.

Sobald das Korn sicher gelagert ist, kommt die Zeit für allgemeine Lustbarkeiten. Doch auch der Tod ist in verschiedener Hinsicht bei Lammas anwesend. Ab der Sommersonnwende haben die Sonnenstrahlen die grünen Halme und Ähren des Getreides ausgetrocknet. Man sammelt die Körner, aus deren Mehl das Brot gebacken wird, und Strohhalme, die als Futter für das Vieh und als Lagerstreu für den Winter dienen. Aber das, was gesammelt wird, ist praktisch tot. Die lebensspendende Nahrung entstammt einer Pflanze, die von der Sonne, deren Strahlen nun an Kraft verlieren, ausgedörrt wurde.

Die Felder mit reifem Getreide bieten auch Füchsen, Hasen und anderen kleineren Tieren Unterschlupf. Wenn die Mäher kreisförmig von außen nach innen zu mähen begannen, saßen die Tiere im Mittelpunkt praktisch in der Falle. Am Rand standen die Männer mit Keulen und warteten darauf, daß sie aus ihrem Versteck ausbrechen und zu entfliehen versuchen würden. Das mißlang ihnen in den meisten Fällen, so daß die Menschen zu Fleisch für den Kochtopf kamen. Aber es fällt auch Blut auf das Getreide, inmitten der Sommersonne und dem Samenkorn des Lebens ist das Blut des Todes. In den Feldern der Vergangenheit war diese Vorstellung während der gesamten Zeit des Wachstums gegenwärtig. Unberührt von chemischen Sprühsubstanzen blühte unter dem erst grünen und dann goldfarbenen Getreide der Mohn. Diese Mahnung ist im Paganismus wichtig, denn er romantisiert die Natur nicht. Der Zyklus der jahreszeitlichen Feste ist ein Rad, das sich immer weiter dreht. Wenn wir dies in bezug auf unser eigenes Leben begreifen, können wir uns anpassen und ändern. Wir betrachten jeden Tag als ein Geschenk, das seiner Vergänglichkeit wegen um so kostbarer ist, und wir lernen, Hoffnung, inneren Frieden und Freude aus einem Vorgang zu gewinnen, der zwangsläufig mit Bitterkeit verbunden ist.

Die Sommersonnwende ist das Fest, das am meisten mit dem Königtum in Verbindung gebracht wird. Lammas steht im Zusammenhang mit dem Tod des Königs. Der keltischen Überlieferung nach muß er im Leben vollkommen gesund und voller Kraft sein. Seine Verheiratung mit dem Land besagte, daß die Lebenskraft auf ihn überging. Wenn seine Kräfte nachließen und seine Macht schwand, mußte das Land unfruchtbar werden und seine Menschen sterben. Viele Riten des Lammas-Festes bringen die symbolische Tötung des Königs zum Ausdruck. Sein Blut wird auf den abgeernteten Feldern vergossen, das heißt, seine Macht und Lebenskraft kehren in die Erde zurück, um sie für das kommende Jahr zu regenerieren. Der König opfert sich zu diesem Zweck freiwillig der Göttin.

Die Botschaft, daß das Leben vergänglich ist, wurde unseren Ahnen auch bei anderen Gelegenheiten vermittelt. Der Sommer war die Periode des Krieges. Niemand konnte vor der Erfindung von wasserdichter Kleidung und rostfreiem Stahl einen winterlichen Feldzug lange durchhalten. Für unsere eher kriegerischen Vorfahren, zum Beispiel die Kelten und Nordländer, war der Beginn des Sommers bis hin zur Ernte die geeignete Zeit für Kaperfahrten und Überfälle auf Viehherden, um Ehre, Ruhm und Beute zu erlangen. Traditionsgemäß wurden Feindseligkeiten zur Erntezeit eingestellt. Jeder einzelne wurde dann gebraucht, um das Getreide zu ernten.

Lammas ist auch ein Fest, an dem die Freigebigkeit der Erntegöttin gefeiert wird. Wenn die Ernte einmal eingebracht war, konnten die Menschen ein paar Tage lang aufhören zu arbeiten und ihre wohlverdiente Ruhe genießen. Lughnasadh wurde mit Spielen, Wettkämpfen und Gelagen gefeiert. Viehmärkte wurden abgehalten und mit Gütern gehandelt. In manchen Gebieten wurden an den Feiertagen Arbeitsverträge geschlossen. Landarbeiter und Diener verdingten sich bei einem Herrn oder einer Herrin für ein Jahr und einen Tag – das heißt, vom 01. August bis zum 01. August nächsten Jahres. Danach stand es ihnen frei, sich eine neue Herrschaft zu suchen.

Die Göttin des Lammas-Festes ist die großzügige Mutter, aber zugleich auch die Alte Frau, die die Sichel schwingt. Lammas ist damit eine Zeit weiblichen Übergangs, des Loslassens und Weiterschreitens auf unserem Lebensweg. Eine der Lektionen des mittleren Lebensalters besteht darin, daß wir an irgendeinem Punkt zu unseren weltlichen Erfolgen Distanz gewinnen. Häufig entwickeln sich diese unausweichlichen Veränderungen in Zeiten des Überflusses – oder auch, wenn unsere Kinder erwachsen sind und das Haus verlassen haben. In dieser Phase müssen wir unser Leben und unsere Wertvorstellungen überprüfen und entscheiden, ob die aufs Äußere gerichtete, der Welt zugewandte Orientierung für unser Glück noch genügt. Und oft kommen wir zu dem Schluß, daß dem nicht so ist und es an der Zeit ist, unsere spirituelle Suche zu beginnen oder wiederaufzunehmen. Manchmal kann dies zu ganz neuen spirituellen Wegen führen. Vielleicht behalten wir zwar unsere derzeitige Richtung bei, aber überprüfen die Rolle, die wir spielen, verzichten darauf, bei der äußeren Organisation der Welt allzu aktiv mitzuwirken und konzentrieren uns mehr auf das Geistig-Seelische, um damit zu den Urquellen unserer Inspiration in unserem Inneren zurückzukehren. Dies kann sogar in unserem bisherigen Beruf geschehen, vielleicht dadurch, daß wir hier unsere Kenntnisse vertiefen, alles neu bewerten und unsere Einstellungen überprüfen und erneuern. Diese Arbeit beginnt an Lammas und setzt sich an der Tagundnachtgleiche im Herbst fort.

Herbst-Tagundnachtgleiche (Sonnenuntergang)

In den meisten Ländern beginnen Studiensemester Ende August oder im September. In früheren, mehr auf der Landwirtschaft basierenden Gesellschaften war dies ein günstiger Zeitpunkt fürs Lernen, weil die Kinder nicht mehr bei der Ernte mithelfen mußten. Die Getreideernte ist in den meisten Ländern der nördlichen Hemisphäre im August zu Ende, anderes wird noch im September eingebracht. Meine Mutter, die 79 ist, erinnert sich, daß ihre Schulklasse Anfang September auf die Felder geschickt wurde, um bei der Kartoffelernte zu helfen. Ende dieses Monats ist es dann Zeit, die Äpfel abzunehmen.

Die Herbst-Tagundnachtgleiche wird, genau wie Lammas, oft als Erntefest gefeiert, diesmal in bezug auf den Rest der Feldfrüchte. In früheren Gesellschaften war das die Zeit für entscheidende Überlegungen: Reicht die Nahrung aus, um über den Winter zu kommen? Waren alle Vorratsräume gefüllt, oder würde man Hunger leiden müssen? Zu diesem Zeitpunkt macht sich der nahende kalte Winter bereits bemerkbar, und wir beginnen, uns nicht mehr nach außen und an den langen, sonnigen Tagen zu orientieren, sondern uns dem Inneren und langen, dunklen Nächten zuzuwenden.

Mythen, die auf den Herbst Bezug nehmen, befassen sich mit dem Anfang des Winters und dem Verschwinden des Grüns in der Natur. Einer der bekanntesten ist die Sage von der griechischen Göttin Demeter und ihrer Tochter Kore, auch Persephone genannt. Kore wird von Hades, dem Herrn der Unterwelt, entführt, da er sie zur Frau haben will. Demeter ist bestürzt und sucht nach ihr. In ihrem Zorn verflucht sie das Land, und die Natur beginnt zu sterben. Schließlich entdeckt sie Hades' Untat und zitiert ihn auf den Olymp, die Heimstatt der Götter, damit über ihn gerichtet wird. Das Urteil der Götter lautet, daß Kore ihre Zeit zwischen dem Reich der Mutter, der Erde, und dem Reich ihres Gatten, der Unterwelt, teilen muß. Während zwei Dritteln des Jahres durchstreift sie die Erde, so daß die Natur wachsen und gedeihen kann. Den Rest des Jahres verbringt sie unter der Erde, in dieser Zeit ist es dann Winter. Diese Periode entspricht im wesentlichen der Zeit zwischen der Herbst-Tagundnachtgleiche und Imbolc, wenn die Göttin wieder erscheint, um das Land neu zu beleben. Pagane Feiern können in Form eines Mysterienspiels stattfinden, in dem die Geschichte von Demeter und Persephone dargestellt wird. Kleinere Kinder können dabei die Rollen der Bäume, Flüsse, der Sonne oder anderer natürlicher Phänomene übernehmen, die Demeter bei der Suche nach ihrer Tochter befragt. Bei anderen Feiern kann es sich um Ernte- oder spezielle Dankfeste für die Freigebigkeit der Natur handeln.

Ein weiterer Aspekt der Tagundnachtgleiche ist die gleiche Anzahl der dunklen und hellen Stunden, aber nun ist es die Dunkelheit, die zunimmt. Eine gute Zeit für Feiern ist daher der Sonnenuntergang, denn wir gehen der dunkleren Zeit des Jahres entgegen.

Der Herbst wird auch mit einer Orientierung nach innen in anderem Sinn in Verbindung gebracht. Die Winde während der Tagundnachtgleiche können sich zu Orkanen steigern, die Fluten Schiffe untergehen lassen. Dies alles wird im Paganismus als Zeit des Übergangs betrachtet, was ja auch in der Natur offensichtlich wird. Das Laub fällt von den Bäumen, Vögel ziehen fort, die Zeichen des Lebens schwinden nach und nach. Die großen eleusischen Mysterien in Griechenland fanden zu dieser Zeit statt. Für diejenigen unter uns, die sich in einer spirituellen Entwicklung befinden, kann es eine gute Zeit sein, um sich selbst nach innen zu wenden und in der Hingabe an diesen selbstgewählten Weg zu bestärken. Manche paganen Gruppen üben geheime Initiationsriten aus, die durch Symbole und Gesetze wichtige Erkenntnisse über die Bedeutung von Leben und Tod vermitteln sollen.

Viele paganen Mythen und Sagen kreisen um das Thema des Hinabsteigens in die Unterwelt, um dort spirituelles Wissen zu erwerben. Die sumerischen und babylonischen Mythen des Abstiegs der Göttin, die das Geheimnis des Todes verstehen möchte, sind Initiationszeremonien dieser Art. Eine ähnliche Geschichte vom Hinabsteigen der Göttin findet sich in der nordischen Überlieferung, wo Freya, die Göttin der Fruchtbarkeit, in die Unterwelt geht, um die Halskette *Brisingamen* (helles Feuer) zu erlangen. Im paganen Mythos stellt eine Halskette häufig das Symbol für den Kreislauf von Leben, Tod und Wiedergeburt dar. Der Abstieg des griechischen Musikers Orpheus in die Unterwelt, um seine Frau Eurydike zurückzuholen, gehört zu diesen Mythen. Ein weiterer Mythos, der auf die Initiation eines Mannes durch die Göttin hinweist, wird in dem nordischen Gedicht *Hyndluljóth* erzählt. Die Göttin Freya bringt ihren Liebhaber Ottar in die Unterwelt, damit er seine Herkunft kennenlernt.

In der nordischen Tradition gibt es auch einen Mythos der Umkehrung als Initiationserfahrung: die Feuerprobe des Odin, der kopfüber am Weltenbaum hängt, um das Geheimnis der Runen zu erfahren.

All diese Initiationsmythen können für erwachsene Paganen Grundlage für die Feiern der Tagundnachtgleiche im Herbst sein.

Samhain (Allerheiligen)

Samhain wird von vielen Paganen als das keltische Neujahr gefeiert, obwohl es durchaus nicht sicher ist, daß dies in allen keltischen Gebieten der Beginn des neuen Jahres war. Andere Paganen sehen Imbolc, die Rückkehr der Göttin ins Land, als Anfang des Jahres an.

Viele Menschen werden mit Samhain wesentlich vertrauter sein als mit einigen der anderen paganen Feste, denn sie kennen die Bräuche an Allerheiligen. An Samhain wissen wir, daß nun der Winter kommt, und tatsächlich bedeutet der keltische Name ›Sommerende‹. Der Winter brachte Schnee und Frost, und das bedeutete, daß nur für ein paar Tiere ausreichend Gras zum Abweiden und Futter für die Stallfütterung vorhanden war. Viele mußten daher geschlachtet und ihr Fleisch für den Winter eingesalzen werden. Samhain war also sehr unmittelbar mit dem Tod verbunden, und das auch noch aus anderen Gründen: Mit dem Einsetzen der Kälte pflegte die Sterberate anzusteigen, was auch heute noch zutrifft. Samhain wurde deshalb als Fest der Toten, als ein Erinnerungstag an diejenigen betrachtet, die den Lebenden vorausgegangen waren.

Unsere keltischen Vorfahren hatten große Ehrfurcht vor dem Kopf, der als Sitz der Inspiration und des Lernens betrachtet wurde. Die Köpfe angesehener gefallener Gegner wurden abgeschnitten und zurückgebracht, um in einer öffentlichen Halle zur Schau gestellt zu werden. Das mag heutigen Paganen barbarisch erscheinen, aber das Leben unserer Ahnen war nun einmal härter und rauher als das unsere, dementsprechend waren sie körperlich weitaus weniger empfindlich als wir. Spuren der Verehrung des Kopfes an Samhain finden sich heute noch in dem Brauch, Kürbisse auszuhöhlen, Gesichter hineinzuschnitzen und wie in Laternen Kerzen hineinzustellen, um das Fest zu erhellen.

Andere Bräuche spiegeln den Wunsch wider, in dieser Zeit mit den Vorfahren zu kommunizieren. Häufig wird an einem besonderen Ort die Nacht über Nahrung für tote Verwandte ins Freie gelegt, damit sie während Samhain zu Besuch kommen können.

Samhain war die Zeit, zu der der Schleier zwischen dieser und der jenseitigen Welt durchsichtig war. Die Geister der Verstorbenen konnten zurückkehren, um ihre Familien aufzusuchen und ihnen durch Weissagungen beizustehen. Die Verbindung zwischen dieser Jahreszeit und dem Tod ist in den Ländern offensichtlich, in denen Gedenktage für die Toten der Weltkriege und anderer Kriege abgehalten werden. Vielen Menschen sind auch die roten Mohnblumen vertraut, die verkauft werden, um Hilfsfonds für frühere Armeeangehörige einzurichten. Der Klatschmohn, das Lammas-Symbol für Blut auf dem Getreide, erinnert auch unsere säkularisierte Gesellschaft noch an den Tod.

Viele Bräuche im Umkreis von Samhain erinnern daran, daß der Apfel als geheimnisvolle Frucht galt, die etwas mit dem Jenseits zu tun hatte. Das Avalon im Mythos von König Arthur war die ›Insel der Äpfel‹. Wenn man einen Apfel horizontal in der Mitte durchschneidet, entdeckt man, daß seine Mitte ein Pentagramm bildet. Es gilt als das Symbol des Lebens. Äpfel werden in der nordeuropäischen Mythologie auch mit der Überwindung des Todes in Verbindung gebracht, das Verspeisen goldener Äpfel, die von der Göttin Idun bewacht wurden, verlieh den Göttern ewige Jugend.

Ein althergebrachter Brauch ist, einen Apfel zu schälen und dabei darauf zu achten, daß die Schale einen einzigen langen Streifen bildet, den man dann über die eigene Schulter wirft. Das Muster, das er auf dem Boden bildet, weist dann den Anfangsbuchstaben des Namens des oder der zukünftigen Geliebten auf. Hier besteht eine Polarität zwischen den Inhalten

Samhains und denen seines Gegenfestes Beltane, ein Zusammentreffen von Liebe und Tod.

Samhain ist die Zeit, sich konstruktiv mit dem Tod auseinanderzusetzen, was vielen von uns sehr schwerfällt. Es muß sich nicht unbedingt um den körperlichen Tod handeln, es können auch andere Dinge sein, die uns während des Jahres verlorengingen – Beziehungen zu anderen Menschen, Jobs, materieller Wohlstand. Samhain steht unter dem astrologischen Zeichen des Skorpions, der vom Element des Wassers – besonders des Meeres – bestimmt wird. Wasser formt um und verändert. Es wäscht Schmerz und Traurigkeit ab, Samhain ist eine gute Zeit, um zu meditieren und vergangene Verletzungen und Irrtümer loszulassen. Oft bestehen noch ungelöste Probleme zwischen Verstorbenen und uns – Dinge, die wir ihnen hätten sagen sollen, und andere, die wir ihnen besser nicht gesagt hätten. Eine Möglichkeit, mit unseren toten Freunden und Familienmitgliedern zu dieser Zeit zu kommunizieren, ist, einen Brief zu schreiben und ihn in die jenseitige Welt zu schicken, indem man ihn im Samhain-Feuer verbrennt. Praktisch gesehen ist es der richtige Zeitpunkt, die Gräber unserer Angehörigen zu pflegen.

Wintersonnwende

In der Leblosigkeit des Winters liegt der Funke neuen Lebens.
Ich überbringe dir eine Botschaft:
Der Hirsch röhrt,
Winterschnee fällt,
der Sommer ist vorüber,
der starke Wind ist kalt.
Die Sonne steht nieder, ihr Lauf ist kurz,
die Meereswellen schlagen hoch.

Rostbraun ist der Farn und ohne Gestalt,
die Wildgans erhebt ihren gewohnten Schrei.
Kälte lähmt die Schwingen des Vogels;
Zeit des Eises –
das ist meine Botschaft.

                                  Irisches Gedicht, neuntes Jahrhundert.

Die Wintersonnwende kennzeichnet eine wichtige Übergangszeit, die von unseren Vorfahren sehnsüchtig erwartet wurde. Diese Sonnwende ist der Nadir des Jahres, der Tiefpunkt, was Tageslicht und Energie betrifft, danach beginnt die Wende. Viele weihnachtliche Bräuche sind vom Paganismus übernommen worden – die speziellen Holzscheite im Kamin, das Festmahl, die Spiele und Zeremonien. Einen Weihnachtsbaum ins Haus zu holen und ihn zu schmücken, ist ebenfalls eine pagane Sitte. Inmitten der kahlen, jedes Jahr ihr Laub abwerfenden Bäume steht der immergrüne Baum als Zeichen der Hoffnung dafür, daß der Frühling eines Tages ins Land zurückkehren wird; ebenso die leuchtend rote Beeren tragende Stechpalme. All das wurde zum Schmuck für das Julfest ins Haus gebracht.

Das Wort ›Jul‹ kommt aus den germanischen Sprachen und bedeutete für unsere germanischen Vorfahren dasselbe wie Samhain für die Kelten. Es war die Zeit, zu der man sich in den Versammlungshallen traf; die Zeit des Essens und Trinkens; die Zeit, diejenigen zu verspotten, die sich zu niederträchtigen und unwürdigen Aktionen hatten hinreißen lassen, und auf diese Weise andere davon abzuhalten, sie nachzuahmen; die Zeit, den Preis und Heldenliedern der Skalden zu lauschen und sich von ihnen für das kommende Jahr inspirieren zu lassen; die Zeit, Abenteuer und die Liebe zu besingen. Unsere germanischen Vorfahren verbrachten zwölf Tage damit, das Julfest zu feiern.

Die Paganen feiern und beschenken sich am Julfest, ein Brauch, den ihre Kinder eifrig fördern, denn damit können sie wahrscheinlich ihre leidgeprüften Eltern überzeugen, daß auch sie ›wie alle anderen‹ Weihnachtsgeschenke bekommen sollten.

Viele Paganen feiern die Geburt des Kindes des Lichts und der Hoffnung, das heranreifen und zum jungen Gott des Frühlings werden wird. Dies geschah lange vor dem Christentum, das dann das Fest aus Gründen der Zweckmäßigkeit als Geburtsdatum seines eigenen Gottes übernahm. Der Schwerpunkt der paganen Jul-Feierlichkeiten liegt jedoch nicht nur auf der Verehrung des Kindes des Lichts, auch dessen Mutter wird einbezogen. In den Zeremonien wird der Großen Muttergöttin gehuldigt, die dem Land neues Leben und neue Hoffnung bringt.

Paganen feiern also den Zyklus der Jahreszeiten. Wie ehren sie sonst noch ihre Götter?

VI
Geheiligte Zeit, geheiligter Ort, geheiligter Raum

Der Sinn spiritueller Praktiken besteht darin, den Göttern, der heiligen Quelle aller Dinge, näher zu kommen. Dies können wir erreichen, wenn wir unser Gespür für geheiligte Zeit und geheiligte Orte schärfen.

Geheiligte Zeit

Den jahreszeitlichen Zyklus zu feiern, ist eine Möglichkeit, geheiligte Zeit zu schaffen. Dies können wir auch täglich, wöchentlich oder monatlich ermöglichen, wenn wir eine bestimmte Zeitspanne festsetzen, die wir nicht damit verbringen, unseren Körper zu versorgen, den Lebensunterhalt zu verdienen, für die Familie da zu sein und unseren Intellekt durch Studien oder unsere physische Leistungsfähigkeit durch Sport zu steigern. Wenn wir uns also die Zeit nehmen, die göttliche Kraft zu ehren, die dem Universum Leben verleiht.

Wenn Menschen andere für ›religiös‹ halten, dann meinen sie damit häufig, daß er oder sie Orte gemeinschaftlicher Anbetung aufsuchen – eine Kirche, Synagoge, Moschee oder einen Tempel. Verehrung oder Andacht in Gruppen ist im Paganismus nicht unbedingt erforderlich. Wenn das Göttliche überall ist, auch in unserem eigenen Inneren, müssen wir nicht irgendwohin gehen, um es zu finden; ebensowenig müssen wir unserer Religiosität gemeinsam mit anderen Ausdruck verleihen. Paganen können wählen, ob sie die geheiligte Zeit mit anderen zusammen verbringen wollen oder nicht. Es ist eine völlig individuelle Entscheidung.

Wir haben viele Möglichkeiten, die geheiligte Zeit festzulegen. In den meisten spirituellen Systemen gibt es in irgendeiner Form Vorschriften und Regeln – am Anfang oder Ende jeden Tages, manchmal auch zu bestimmten Zeiten während des Tages. Im Paganismus ist das ebenfalls eine Frage der individuellen Entscheidung. Manche Paganen meditieren oder beten am Beginn oder Ende des Tages, oder sie tun beides. Dies kann im Haus geschehen; andere haben vielleicht eine Stelle in ihrem Garten, die sie täglich aufsuchen, um sich darüber klar zu werden, wer und was sie sind und was für einen Platz im Universum sie einnehmen.

Manche Paganen beten. Polytheistische Paganen sehen verschiedene Götter als Wesen, die sich in einer anderen Sphäre aufhalten. Ihre Auffassung von den Gottheiten unterscheidet sich nicht allzusehr von der, die Monotheisten von ihrem Gott haben – nur daß eben ein Pagane zu einer Reihe von Göttern beten kann.

Andere Paganen sehen ihre Gottheiten nicht als voneinander getrennte Wesen, sondern als unterschiedliche Ausdrucksformen der göttlichen Einheit. Pantheistische Paganen, die das Göttliche im All sehen, neigen dazu, eher von Meditation oder Kommunikation mit dem Göttlichen zu sprechen als von Gebet. Meditation kann ein Sichversenken in die Vorstellung eines bestimmten Gottes oder einer bestimmten Göttin einschließen, um damit zu der Erkenntnis zu gelangen, was dieser Aspekt des Göttlichen in unserem eigenen Leben bedeutet. Meditation kann jedoch auch eher abstrakt sein und heißen, daß man jeglichen Gedankenfluß aus seinem Inneren verbannt, die geschäftigen Irrwege des Geistes zur Ruhe bringt und in ein Stadium innerer Stille eintritt, in dem sich die Grenzen zwischen dem Selbst und allem anderen auflösen.

Den Tag durch einfache Worte des Willkommens zu feiern stellt eine wirksame Methode dar, uns mit dem größeren Universum zu verbinden und uns daran zu erinnern, daß wir dort nicht allein gelassen sind. Es ist Teil von uns, wir sind Teil von ihm. Dieser Willkommensgruß kann ganz einfach sein:

> Heil Dir, o Sonne, wenn Du aufgehst
> und in voller Schönheit erscheinst, oh, meine Herrin des Lichts.

Wir können unseren Gruß aber auch ohne Worte ausdrücken. In der Praxis können geheiligte Zeiten etwas so Schlichtes sein wie: heimkommen nach der Tagesarbeit, sich waschen, eine Kerze auf dem Altar entzünden, ein paar Augenblicke in der Stille und Ruhe der Meditation verharren, dann das Licht löschen und den Kindern das Abendessen bereiten. Diese wenigen Momente können uns die Erkenntnis vermitteln, daß es trotz der Hektik der Welt um uns herum in unserem Inneren eine Stelle des Friedens und der Harmonie gibt, die den Frieden und die Harmonie des Göttlichen widerspiegelt. Eine weitere Möglichkeit, uns zu sammeln, ist, ein persönliches Tagebuch zu führen, in dem wir am Ende jeden Tages über unser Leben reflektieren.

Viele Menschen führen ein unregelmäßiges und hektisches Dasein. Dies erschwert die tägliche spirituelle Praxis. Eine Möglichkeit besteht darin, bestimmte Perioden für Nächte ohne Schlaf, Klausuren oder sonstige Formen der Erkenntnissuche festzulegen. Längere, nachts in Meditation an einem ausgewählten Ort verbrachte Phasen können eine gute Chance bieten, unsere Denkgewohnheiten zu überwinden und uns neuen Inspirationen zu öffnen. Keltische Barden pflegten Nächte vor Begräbnishügeln zuzubringen, um mit dem Geist der Vergangenheit zu kommunizieren und neue Eingebungen für ihre künstlerische Entwicklung zu erhalten.

Eine Visionssuche, die Fasten und den Aufenthalt an einem

geheiligten Ort voraussetzt, ist in vielen paganen Kulturen üblich. Sie verhilft uns dazu, uns für einige Zeit von unseren alltäglichen Belangen zu distanzieren und uns dem zuzuwenden, was wirklich wichtig ist – dem Geist in unserem Inneren, der unvergänglich ist. Visionssuche findet weitgehend in der Einsamkeit statt, aber es gibt auch Aktivitäten, die zusammen mit anderen ausgeführt werden können. In der Kultur der amerikanischen Ureinwohner stellen Schwitzhütten wichtige Orte für Zeremonien der Läuterung dar, die Menschen in gemeinsamer spiritueller Erfahrung miteinander verbinden. In Nordeuropa werden von Volksgruppen, die sich innerlich nicht so weit von ihren Ahnen entfernt haben, in der Sauna ähnliche Praktiken durchgeführt. Saunas und Schwitzhütten bieten nicht nur eine praktische Möglichkeit zur körperlichen Reinigung, wenn kein Badewasser zur Verfügung steht. Sie sind auch geeignet für spirituelle und gemeinschaftliche Rituale.

Klausuren an paganen, nicht-konfessionellen oder ökumenischen Orten können ebenso dazu beitragen, die Urquellen unserer Spiritualität freizulegen. Das Zusammentreffen mit Gleichgesinnten, die jedoch unterschiedliche spirituelle Wege gehen, kann ein Anlaß zu großer Freude sein. Es verhilft uns zu der Erkenntnis, daß unsere Religionen, wenngleich oberflächlich betrachtet vielleicht unterschiedlich, doch die Suche nach unserem eigenen Weg zum Göttlichen beinhalten.

Geheiligter Ort

Für Paganen ist die gesamte Erde geheiligt, aber gewisse Orte wurden von jeher als besonders geweiht empfunden, Orte, an denen der Schleier zwischen dieser und der jenseitigen Welt sehr durchsichtig ist. Unsere Vorfahren glaubten, daß gewisse Stellen einen *genius loci* hätten. Darunter kann man sich eine besondere Atmosphäre vorstellen, die der Ort ausstrahlt, oder auch ein bestimmtes Wesen. In den Landschaften Europas gibt es heilige Quellen und Berge, geheimnisvolle Steingebilde und Erdhügel, deren tieferen Sinn wir nur ahnen können. Ähnliche geheiligte Plätze, Kraftorte, Wallfahrtsorte und Begräbnisstätten hat man in Nordamerika, Australien und anderen Ländern gefunden.

Manchmal sind diese geheiligten Stätten von der Natur geformt. Orte, an denen sich zwei Elemente treffen, werden häufig als besonders geheiligt betrachtet – hohe Berge, wo Erde auf Luft trifft, Stellen zwischen Meer und Ufer, Quellen, die tief unten in der Erde entspringen, Wasserfälle, die in Kaskaden durch die Luft fallen, Höhlen, die tief in den Boden hineinreichen. Andere Orte wieder rufen den Eindruck der Wildheit hervor – Wälder, in die nur selten Menschen eindringen, Moore, über die der Wind hinwegfegt, oder das weite Meer.

Bäume und Haine galten bei unseren Ahnen als besonders geheiligt. Eine der ersten Aktionen der christlichen Missionare bestand darin, die geheiligten Gehölze derer niederzureißen, die sie ihren heidnischen Gottheiten entfremden und zu ihrer eigenen Religion bekehren wollten. Bäume sind für diejenigen, die in der Natur die Offenbarung des Göttlichen sehen, von jeher sinnträchtig gewesen. Bäume überleben menschliche Wesen. Tatsächlich sind einige Bäume, wie zum Beispiel die großartigen Sequoias in Kalifornien, älter als das Christentum. Bäume verkörpern Beständigkeit, Ausdauer und Weisheit. Laubbäume sind lebende Metaphern des jahreszeitlichen Wechsels von Tod, Ruhe, Wiedererwachen und Erneuerung, und deshalb Symbole der Hoffnung. Zudem sind sie für uns auch in sehr praktischer Weise wichtig. Sie sind die Lunge unseres Planeten und erhalten den Sauerstoff in unserer Atmosphäre. Obwohl unsere Vorfahren wahrscheinlich all die inneren und äußeren Vorgänge des biologischen Zyklus nicht verstanden haben, begriffen sie auf intuitiver Basis viel besser die Bedeutung der Bäume als wir heute.

Es gibt viele Möglichkeiten, eine innere Beziehung zu einem geheiligten Ort herzustellen. Wir können ihn auswählen, ihn bei jedem unserer Feste aufsuchen und sehen, wie er sich im Verlauf der Jahreszeiten verändert. Ebenso können wir auch acht verschiedene Orte aussuchen, einen für jedes pagane Fest.

Ihr geheiligter Ort ist vielleicht eine alte Stätte, die schon vor langer Zeit von Paganen aufgesucht wurde. Es könnte ein Ort sein, der für Sie persönlich bedeutungs- und beziehungsvoll ist. Meditieren Sie dort, machen Sie ein Picknick, tanzen Sie oder vollziehen Sie ein einfaches Ritual. Unterschiedliche Feste haben Bezüge zu unterschiedlichen Tageszeiten. Geheiligte Stätten zu verschiedenen Zeiten zu erforschen kann sehr wohltuend sein. Eine Gegend, die tagsüber vielleicht vordergründig weltlich wirkt, kann am Abend oder auch nachts, wenn die Touristen weg sind, eine intensive und geheimnisvolle Ausstrahlung haben. Sie kann bei Tag warm und freundlich, aber in der Dämmerung überaus befremdend erscheinen.

Kulthandlungen an alten Stätten üben eine große Anziehungskraft auf Paganen aus, doch ist hier Vorsicht und Sensibilität erforderlich. In Nordamerika und Australien sind Europäer erst vor verhältnismäßig kurzer Zeit eingewandert. Die geheiligten Stätten des Landes sind die anderer Volksgruppen, und wir müssen ihr Recht, den Zugang dorthin einzuschränken, respektieren. In Europa könnten es die neolithischen Geister eines Hügelgrabes möglicherweise wenig schätzen, wenn wir dort eine Paganenfeier in großem Stil abhalten. Unser mitternächtliches Trommeln, für uns auf faszinierende Weise sinnträchtig, könnte auf sie eher wie eine Party von Rowdys wirken. Wenn wir andererseits eine solche Stätte während eines längeren Zeitraums aufsuchen und der Geister derjenigen, die es geschaffen haben, auf altehrwürdige Weise mit Opfergaben gedenken, könnte unsere Anwesenheit sehr willkommen sein, selbst wenn unser heutiger Paganismus nur noch eine flüchtige Ähnlichkeit mit dem ihren aufweist.

Wir müssen solche Orte auch in praktischer Hinsicht respektieren. Wenn zu viele Leute die alten Stätten aufsuchen, werden sie zerstört. Wenn wir Waldgegenden für unsere Riten benutzen, müssen wir darauf achten, daß wir keine Bäume beschädigen. Ich habe aus der Stadt kommende Paganen gesehen, die den Holzstoß für ein rituelles Feuer nahe dem Stamm einer uralten Eiche aufstapelten. Selbstverständlich müssen wir auch unseren städtischen Abfall einsammeln und mitnehmen.

Wie man seine nähere Umgebung kennenlernt

Die Beziehung zum Göttlichen in der Natur aufzunehmen bedeutet nicht nur spirituelle Übung. Die meisten von uns wissen wenig über unsere nähere Umgebung und die dort vorhandenen Lebensformen. Wie viele von uns können schon ihre Bäume, Vögel, wilden Tiere, Blumen und Kräuter benennen? Es gibt eine Sprache, die uns etwas über natürliche Zyklen berichtet, aber wir haben sie vergessen. Wenn wir lernen, die Vögel unserer Wiesen, Felder, Wälder und Gärten zu erkennen, wissen wir auch über die jahreszeitlich bedingten Vogelzüge Bescheid. Wir sehen an ihrem frühen Abflug, daß uns ein harter Winter bevorsteht. Wenn wir lernen, die Wolken zu beobachten und die Richtung des Windes wahrzunehmen, werden wir wissen, wann der Regen kommt und ob wir mit Sturm rechnen müssen. Dies alles ist nicht mehr selbstverständliches Allgemeingut wie damals, als der Lebensunterhalt der Menschen noch von Landwirtschaft, Fischerei und Jagd abhing. Wenn wir so unwissend bleiben, sind wir mit einer Art Blindheit geschlagen. Eine Rückkehr zum Paganismus ist eine Rückkehr zum Erkennen.

Nicht nur der Besuch, sondern auch die Art und Weise, wie wir zu den geheiligten Orten gelangen, ist wichtig. Zu ihnen zu wandern oder zu pilgern ist ein bedeutender Bestandteil aller religiösen Traditionen. Einen uralten Pfad zu einer geheiligten Stätte entlangzugehen bedeutet, einen Weg einzuschlagen, den schon viele Generationen vor uns aus spirituellen Beweggründen gegangen sind. All diese Energien wurden von der Landschaft aufgenommen, und wenn wir uns harmonisch in das Ganze einfügen, stehen wir im Einklang mit denen, die vor uns voller Verehrung diesen Weg eingeschlagen haben.

Zu Fuß das Land zu durchwandern bedeutet eine Wiederaufnahme der Verbindung mit ihm. Eine andere Möglichkeit ist, auf ihm oder von ihm zu leben. Viele pagane Rituale und Ereignisse finden im Freien statt, und im Sommer gibt es in Ländern mit aktivem Paganismus Zeltlager, in denen wir uns für eine Weile unmittelbar in der Natur aufhalten. Oft wird dabei Gelegenheit geboten, althergebrachte Fähigkeiten zu erlernen, wie beispielsweise mit Holz oder Feuersteinen Flammen zu entfachen, Kräuter zu bestimmen, zu weben und andere praktische Fertigkeiten, die früher einmal selbstverständlich waren, heute jedoch geheimnisvoll und längst verloren zu sein scheinen. All dies ist wichtig, sonst verhalten wir uns in der Natur wie Kinder. Wir sind unfähig, das zu nutzen, was uns umgibt, und wir können nicht mehr für uns selbst sorgen. Das soll nicht heißen, daß Paganen den Wunsch hegen, zu einem Dasein völliger Autarkie zurückzukehren (obwohl manche das tun). Dennoch sind derartige Fertigkeiten überaus förderlich. Vielleicht wollen wir uns nicht ganz selbst versorgen, aber schon der Anbau eines Teils unserer eigenen Nahrung – und seien es nur Tomaten und Kräuter in einem Blumenkasten vor dem Fenster – befähigt uns, wieder Verbindung mit den Wachstumszyklen der Natur aufzunehmen.

Eine andere Möglichkeit, unsere Umgebung kennenzulernen, ist der Umgang mit der Wünschelrute. Innerhalb einer Landschaft gibt es Erdenergien, Kraftorte und Transmutationspunkte. Manche von ihnen liegen entlang sogenannter Ley-Linien im Erdinneren. Früher hatte jedes Dorf seine Rutengänger, die unterirdische Wasserläufe aufspürten, damit dort Brunnen gebohrt werden konnten. Die Rutengänger fanden zudem guten Boden für den Hausbau, Stellen, an denen die Energien keine Krankheiten hervorrufen würden. In China war diese Kunst – Feng Shui genannt – hoch entwickelt und wird auch heute noch praktiziert.

Wir sollten nicht nur die Welt des Tageslichts, sondern auch die der Nacht kennen. Der Nachthimmel über uns ist ein Universum von unermeßlicher Schönheit, übersät von Planeten, Fixsternen, Sternschnuppen – alles Zeichen dafür, daß außerhalb unserer eigenen Welt Leben existiert. Der Nachthimmel eröffnet uns eine selbst mit dem bloßen Auge erkennbare Wunderwelt. Schon mit einem kleinen Teleskop können wir einen Eindruck von der unglaublichen Herrlichkeit des Universums gewinnen.

Dadurch, daß unsere Vorfahren Seele, Herz und Geist diesen äußeren Dingen zuwandten, lernten sie, das Universum, das sie hervorgebracht hat, zu lieben und zu schätzen. Wenn wir die Augen vor der Schönheit der Nacht verschließen, verlieren wir dadurch ein Fenster zu einer größeren Welt, die uns zeigt, wie klein der Platz der Menschheit im Vergleich zu ihr ist. Seltsamerweise ist diese Erkenntnis nicht bedrohlich, sie macht uns nur demütiger und froher. Wenn wir von unseren eigenen Problemen und Sorgen bedrängt werden, reicht ein Blick nach außen, um ihre Unerheblichkeit zu erkennen, uns zurückzunehmen, die Dinge in der richtigen Perspektive zu sehen und zu begreifen, daß sie – ebenso wie Besorgnis, Schmerz und Furcht – nur vorübergehend existieren. Indem wir nach außen schauen, entfachen wir aufs neue unsere Hoffnung.

Zeiten – Orte – Bräuche

Innerhalb des traditionellen Kalenders aller Länder gibt es Bräuche und Zeremonien paganen Ursprungs. Manche davon sind – außer in ländlichen Gebieten – in Vergessenheit geraten. Ein Weg zur Erneuerung unseres Paganismus ist, traditionelle Sitten wiederzubeleben. Das muß nicht ausschließlich Domäne der Paganen sein. Es gibt viele Bräuche, an denen ganze Gemeinden ihre Freude haben und die wertvolle – spirituelle und weltliche – Verbindungen zwischen Leuten verschiedener Glaubensformen herstellen. Wenn Sie einen Blick in Bücher über lokale Folklore werfen, werden Sie dort Bräuche wie Maifeiern und auf bestimmte Zeiten festgelegte Besuche an geheiligten Hügeln, Bergen und Orten vermerkt finden. Schulen und andere gemeindliche Organisationen können oft dazu gebracht werden, all das wiederaufleben zu lassen.

In England ist die Sitte des ›Grenzenabgehens‹ wieder neu belebt worden. Dies wird an dem Sonntag im Mai durchgeführt, der im christlichen Kalender als ›Rogate‹ bezeichnet wird. Das Grenzenabgehen ist ein Relikt der Frühjahrs-Fruchtbarkeitsriten und verbindet magischen Ansporn für die Ernte mit der Bestätigung der bestehenden rechtlichen Ansprüche auf das Land. Die Dorffamilien treffen sich und wandern um das Gebiet der Gemeinde herum. Die Kinder tragen Weidenruten, mit denen auf Grenzsteine und andere erkennbare Zeichen der Grenzen geschlagen wird. Damit werden der nachfolgenden Generation die Dorfgrenzen aufgezeigt und zudem Grundbesitzer von Verstößen gegen das Gemeindegebiet abgehalten. Zäune, die dort gezogen wurden, werden niedergerissen und öffentliche Fußwege, die gesperrt wurden, wiedereröffnet. Wanderclubs sind oft sehr an diesen Aktionen interessiert.

Dies alles sind nützliche Methoden, um den Menschen pagane Ideen näherzubringen und sie an unsere enge Beziehung zu unserer Umgebung zu erinnern. Die Stärkung des Gemeinschaftsgefühls ist in unserem überaus mobilen Zeitalter, in dem wir alle nicht mehr eng miteinander verwandt sind, nicht mehr für einen gemeinsamen Arbeitgeber arbeiten und nicht mehr wie in Urzeiten in unserer Umgebung leben oder einer gemeinsamen Religion angehören, ebenso wichtig. Viele, die andere Glaubensformen oder keinen Glauben haben, finden Sinn in gemeinsamen kommunalen Aktivitäten und einer gemeinsamen Bindung an den Ort, in dem sie leben.

Kreativer Paganismus

Das antike Theater ist aus religiösen Zeremonien und Mysterienspielen entstanden, die geschaffen wurden, um das Verständnis für die Beziehung zu den Göttern und dem weiteren Universum zu fördern. In östlichen Gesellschaften sind Feste mit Drachen, als mythologische Gestalten verkleideten Schauspielern, feierlichen Wagen mit Bildern der Götter und Vorführungen, in denen mythologische und religiöse Themen behandelt werden, sehr verbreitet. Im Westen findet man ähnliches eher in den katholischen Mittelmeerländern, deren Religion nie von der protestantischen Reformation berührt wurde.

Heute ist ein beachtliches Wiederaufleben ritueller Theateraufführungen zu beobachten, sie sind jetzt in die Lehrpläne vieler Schauspielschulen aufgenommen. Rituelles Theater spielt auch in der paganen Gemeinschaft eine wichtige Rolle, da sie damit begonnen hat, große Versammlungen im Freien abzuhalten. Langatmige Riten sind auf Wiesen mit Tausenden von Menschen wenig sinnvoll, also ist man zu rituellen Prozessionen und ausdrucksstarken symbolischen Formen wie Riesen, Feuerlabyrinthen, Tanz, Trommeln, Musik und Gesang übergegangen, um Paganen zur Ehrung der Götter zu vereinen. Diese Methoden, die geheiligte Zeit zu feiern, sind besonders wichtig geworden, da die Zahl der paganen Familien zugenommen hat. Kinder genießen diese Art religiösen Feierns, zumal sie dabei eine anerkannte Rolle spielen und nicht nur gelangweilte Zuschauer sind.

Andere Möglichkeiten, archetypische Themen zu behandeln, bieten Spiele. Tauziehen zwischen Sommer und Winter symbolisiert auf lebendige Weise die Dynamik von Wachstum und Verfall, die wir jeweils in unserem jahreszeitlichen Zyklus feiern. Die Eiersuche von Kindern veranschaulicht die Rückkehr der Fruchtbarkeit ins Land. Volkstänze erinnern häufig an Themen im Umfeld von Leben und Tod. Kreative Beteiligung ist ein Weg, die Anliegen des Paganismus dahin zurückzuvermitteln, wohin sie gehören – zu den Menschen –, so daß alle in dem für sie wünschenswerten Maß Zugang zu ihnen haben können.

Kunst ist auch in anderer Hinsicht mit dem Paganismus verknüpft. Viele Richtungen innerhalb des Paganismus konzentrieren sich auf die Entwicklung von Kreativität als einer Möglichkeit, unsere Spiritualität zu feiern, zu steigern und zu vertiefen. Dichtung, Schauspiele, rituelle Prosa, Gesänge, Musik und Tanz zu Ehren der Götter regen uns zur Mitwirkung an unseren Feiern an, damit sie nicht zu Vorführungen anderer, sondern zu Ereignissen werden, in die wir selbst unsere Kraft und Energie einfließen lassen. Das muß nichts Kompliziertes sein. Der Rundtanz ist eine sehr einfache Möglichkeit, sich in einen Zustand der Ruhe und Harmonie zu versetzen, der zu etwas wie Meditation innerhalb der Bewegung führt. Viele Menschen im Westen können mit den eher statischen Formen der Meditation nichts anfangen, aber rhythmische Bewegung und rhythmische Klänge bieten andere Wege, den übermäßig geschäftigen Geist zu beruhigen, so daß er uns Raum läßt, die Beziehung zum Göttlichen aufzunehmen und uns mit ihm zu vereinen.

Riten im Leben der Paganen

Alle stärker organisierten Formen des Paganismus – die nordische Tradition, Druidentum und Wicca – beziehen Gruppenrituale mit ein. Auch die weniger streng ausgerichteten Gruppen haben ihre Rituale. Vier Haupttypen finden sich im Paganismus:

Geheiligte Zeit: Die Feiern des jahreszeitlichen Zyklus, in einigen Traditionen Voll- und auch Neumondzeremonien.

Übergangsriten im Lebenszyklus: Geburt, Erwachsenwerden, Heirat, Gebären, Altern und Tod.

Initiationsrituale: Mit ihnen werden Erwachsene in ein tieferes Verständnis der göttlichen Mysterien eingeweiht.

Rituale für besondere Vorhaben: Heilungsrituale, ›ökomagische‹ Rituale, um beim Schutz der Umwelt die Hilfe der Götter einzuholen.

Geheiligter Raum

Paganen sind, was die Ehrung ihrer Götter betrifft, kreativ und spontan, und die Riten innerhalb der Tradition variieren. Dennoch gibt es einige typische Muster.

Pagane Riten können überall stattfinden. Sie sind nicht auf ein bestimmtes Gebäude, wie zum Beispiel eine Kirche, beschränkt. Oft ziehen es Paganen vor, ihre Riten nicht in geschlossenen Räumen zu zelebrieren, sondern statt dessen eine stille Gegend im Freien aufzusuchen, den offenen Himmel über sich, die Füße auf der Erde. Häufig richten sie in ihren Gärten einen Ort dafür ein – sie pflanzen dort einen Kreis von Bäumen oder markieren die Stelle mit einem Steinkreis. Das Göttliche draußen in der Natur zu verehren ist wichtig, denn die Natur ist ja der Spiegel des Göttlichen. Im immer wiederkehrenden Muster der Jahreszeiten sehen wir die sich ewig erneuernde und sich ewig wandelnde Lebenskraft. Indem wir uns mit dem Jahreszyklus in Einklang bringen, kann es uns gelingen, den größeren Kosmos zu begreifen.

Wenn Rituale im Freien nicht möglich sind, können sie auch im eigenen Heim stattfinden. Ein spezieller Raum kann dafür reserviert werden, man kann einen kleinen Altar in einer Ecke des Schlaf- oder Wohnzimmers errichten. Manche stellen vielleicht die Statue einer Göttin oder eines Gottes auf diesen Altar. Dies können schöne Figuren in Menschengestalt sein, wie die der alten Griechen und Römer, aber es kann sich auch um etwas viel Einfacheres handeln – um einen gerundeten großen Stein, der an eine schwangere Frau denken läßt, um ein Stück Rinde, das Augen zu haben scheint, so als ob der Grüne Mann selbst durch sie hindurchschauen würde. Andere wieder schmücken ihre Altäre mit Symbolen der vier Elemente – einer Kerze, Weihrauch, einer Schale Wasser und einem Stein, Kristall oder einer Schale mit Erde. Andere Dinge von natürlicher Schönheit können hinzugefügt werden, um uns an die Natur um uns herum zu erinnern – Blumen, eine Pflanze, eine Feder, eine Muschel. Paganen beten diese Dinge nicht an, auch nicht die Statuen der Götter. Sie sollen uns nur an die Gottheit denken lassen, die hinter ihnen steht.

Geheiligten Raum schaffen

Gruppenrituale finden oft in einem Kreis oder Quadrat statt, in dessen Mittelpunkt ein Altar steht oder ein Feuer brennt. Wenn Sie an die Anordnung christlicher Kirchen denken, wird Ihnen klar werden, wie sehr sich das von den im Westen im vergangenen Jahrtausend vorherrschenden Räumen unterscheidet. Kirchen wurden als Rechtecke gebaut, wobei Gott sich am einen Ende befindet und die Menschen am anderen. In mittelalterlichen Kirchen und im orthodoxen Christentum gibt es sogar eine Abschirmung ungefähr im letzten Drittel der Kirche, die beim allerheiligsten Teil der Zeremonie geschlossen ist. Nur der ordinierte – männliche – Priester wird für würdig befunden, das Mysterium persönlich zu erfahren. In paganen Ritualen wird die göttliche Kraft als im Zentrum stehend gesehen. Dies ist nicht allein das Zentrum in der Mitte der Andächtigen, sondern auch das in uns selbst, denn Paganen glauben, daß jeder von uns im Tiefsten seines Inneren göttlich ist. Und jeder von uns ist Teil der Priesterschaft – sofern wir das wünschen. Wir können unsere eigenen Riten und Formen der Verehrung schaffen und brauchen keine priesterliche Hierarchie, um sie zu genehmigen und abzusegnen.

Rituale innerhalb eines Kreises sind in Göttinnen- und Hexengruppen üblich, häufig handelt es sich um magische Rituale. Der Kreis wird als Gefäß magischer Energie angesehen, die innerhalb des Zirkels erzeugt, zurückgehalten und fokussiert werden muß, bevor sie ›ausgesandt‹ wird, damit sie ihre Wirkung tut. Aber nicht alle paganen Riten werden innerhalb eines Kreises vollzogen. Obwohl viele von uns das tun, sind Riten zur Verehrung der Gottheiten nicht notwendigerweise damit verknüpft.

Der Zutritt zum geheiligten Raum wird auf verschiedene Weise zum Ausdruck gebracht. Manche Traditionen tragen spezielle Kleider oder Gewänder. Andere ziehen die Schuhe aus oder tragen, sofern die Zeremonie im Freien stattfindet, bestimmte Sandalen. Uhren werden im allgemeinen entfernt, denn der geheiligte Raum wird als außerhalb der Gesetze menschlicher Zeitrechnung stehend erachtet, und wer sich in ihm befindet, sollte nicht mit der Zeit befaßt sein.

Häufig sind die Grenzen des geheiligten Raums markiert – physisch durch einen Kreis von Steinen oder dadurch, daß die Riten in einem eigens dafür vorbehaltenen Zimmer oder Saal stattfinden. Oft werden diese Grenzen auch durch einen mit einem Stock, rituellen Messer oder Schwert gezogenen Kreis gekennzeichnet, entweder symbolisch in der Luft oder real auf der Erde.

Es kann eine zeremonielle Prozession der vier Elemente stattfinden, wobei die Grenzen mit Wasser besprengt werden, dem das das Element Erde symbolisierende Salz beigefügt ist. Sie können mit Weihrauch beräuchert werden, oder es werden Licht und Feuer um sie herumgetragen. Luft, Feuer, Wasser und Erde werden als Energien mit unterschiedlicher Form betrachtet – von der leichtesten bis zur massivsten. Diese vier Elemente verkörpern die Gesamtheit der materiellen Schöpfung. In der Natur werden sie so gesehen: die Luft, die wir atmen, die Sonne, die uns wärmt, das Wasser, aus dem unsere Körper größtenteils bestehen, und die Erde, welche die Fülle hervorbringt, die uns ernährt. Dies sind die für unser Leben unerläßlichen Kräfte, und deshalb werden sie geehrt.

Die meisten Strömungen des westlichen Paganismus – wie die Ureinwohner Amerikas und andere Stammestraditionen – ehren die geheiligten Himmelsrichtungen Osten, Süden, Westen und Norden. Es ist eine symbolische Art der Verehrung unserer Umgebung. Die in den verschiedenen Himmelsrichtungen liegenden Gebiete der Erde werden oft als Zugänge betrachtet, die die Verbindung mit unterschiedlichen Aspekten des geistigen Reichs ermöglichen. Im westlichen Paganismus werden die vier Himmelsrichtungen mit den vier Elementen assoziiert: Luft im Osten, Feuer im Süden, Wasser im Westen, Erde im Norden. Indem wir uns an die vier Himmelsrichtungen wenden, wenden wir uns auf symbolische Weise an alles, was existiert. Die Begrüßungszeremonie kann darin bestehen, daß ein Symbol des Elements in Richtung des zu ihm gehörenden Abschnitts getragen wird und die elementaren Mächte angerufen und gebeten werden, den geheiligten Raum zu schützen.

Der von den vier Abschnitten gebildete Kreis wird durch ein Kreuz symbolisiert, das sich in seinem Inneren befindet. Dieses Zeichen spielt bei vielen Paganen eine große Rolle. Black Elk, ein Weiser der Oglala Lakota, sagt über Kreise und die vier Viertel folgendes:

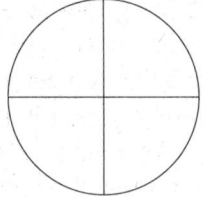

Du wirst bemerkt haben,
daß alles, was ein Indianer tut, im Kreise geschieht.
Das ist so, weil die Kräfte der Welt immer in Kreisen wirken,
und alles trachtet danach, rund zu sein.
In alten Zeiten, als wir starke und glückliche Menschen waren,
kam all unsere Kraft aus dem heiligen Reif des Volkes,
und solange er ungebrochen war, gediehen die Menschen.
Der blühende Baum war die lebendige Mitte des Reifs,
und der Kreis mit den vier Vierteln nährte ihn.
Der Osten spendete Frieden und Licht,
der Süden die Wärme,
der Westen den Regen,
und der Norden mit seinem kalten und mächtigen Wind
gab uns Stärke und Ausdauer.
Dieses Wissen kam mit unserer Religion zu uns aus der anderen Welt.
Alles, was die Kraft der Welt bewirkt, geschieht im Kreis.
Der Himmel ist rund, und ich habe gehört,
daß die Erde rund ist wie ein Ball,
und so ist es auch mit allen Sternen.

Der Wind in seiner höchsten Stärke wirbelt im Kreis.
Vögel bereiten ihre Nester in Kreisen,
denn sie haben dieselbe Religion wie wir.
Die Sonne geht auf und geht unter im Kreis.
Der Mond tut dasselbe, und beide sind rund.
Selbst die Jahreszeiten wandeln sich in großem Kreis
und kehren stets dahin zurück, woher sie kamen.
Das Leben der Menschen ist ein Kreis von Kindheit
zu Kindheit,
und so ist es in allem, was die Kraft bewirkt.

Black Elk

Wenn der geheiligte Raum einmal geschaffen ist, werden die Götter in der der Tradition gemäßen Weise angesprochen. Manche wählen die Form der Anrufung – ein Mitglied begibt sich in einen Zustand der Trance und verkörpert für die Dauer des Ritus die Gottheit. Diese Person kann im voraus bestimmt werden, ein ekstatischer Tanz kann aber auch dazu führen, daß sich die Gottheit in einem oder in mehreren Tänzern manifestiert. Im westlichen Paganismus wird dieses Ritual vor allem von denen praktiziert, die ihre Götter als unterschiedliche Aspekte der göttlichen Kraft und als Verbindungsglieder zwischen ihr und den Menschen sehen. Polytheistische Paganen, die Götter als voneinander getrennte Wesen betrachten, ziehen es möglicherweise vor, sich durch Gebete direkt an sie zu wenden statt an ihre Verkörperung in einem einzelnen Menschen.

Der Anrufung des Gottes können Aufführungen eines sich auf die Jahreszeit beziehenden Mythos folgen, Übergangsriten, spezifische Gebete oder magische Handlungen, die einem bestimmten Zweck dienen, zum Beispiel der Heilung von Personen oder der des Landes.

Nicht alle Paganen praktizieren Magie, vielen sagt sie überhaupt nicht zu. Allein das Wort hört sich in unserer modernen Gesellschaft seltsam an. Die magische Praxis in paganen Gruppen beinhaltet die Fokussierung der geistigen Kräfte auf ein gemeinsames Ziel und die Visualisierung von dessen Verwirklichung durch konzentrierte Willensanstrengung. Das Grundprinzip der Magie ist zu komplex, um es hier zu erklären, aber neuere Erkenntnisse der Wissenschaft und die Erforschung morphogenetischer Felder lassen manche der magischen Ideen sogenannter primitiver Völker eher glaubwürdig als abwegig erscheinen.

Wenn wir zusammen mit anderen feiern, sind Mysterienspiele, die sich auf die jeweilige Jahreszeit beziehen, eindrucksvolle Mittel, um die Bedeutung der Feste klarzumachen. Sie sind auch deshalb empfehlenswert, weil bei ihnen die gesamte Familie einbezogen werden kann – durch Schreiben, Arrangieren von Liedern und Tänzen, Trommeln und Musizieren, Schneidern von Kostümen, Zubereitung passender Speisen, Dekorierung des Altars und Vorbereitung des rituellen Raumes. Pagane Feste bedeuten wirkliches Feiern. Obwohl es Augenblicke ernsthafter Andacht gibt, besteht ihr Sinn immer darin, ein Gleichgewicht zwischen Fröhlichkeit und Ehrfurcht, Lachen und Einsicht, Verstehen und Geheimnis zu schaffen. Dabei spielt es keine Rolle, ob Babys schreien und der Hund die rituellen Biskuits auffrißt. Das alles ist Bestandteil des Lebens und kann ganz leicht akzeptiert werden, wenn wir uns selbst nicht allzu wichtig nehmen.

Im Einklang mit sich selbst zu sein ist eines der Geschenke, die dem wirklich spirituell erleuchteten Menschen zuteil werden. Diejenigen, die in den vergangenen Jahrhunderten als wahre Erleuchtete anerkannt wurden und denen sich andere auf der Suche nach Orientierung zugewandt haben, waren für ihre innere Heiterkeit bekannt. Dergleichen wird im Osten leichter verstanden, wo wir Statuen lachender Buddhas mit dicken Bäuchen und des Hindu-Gottes Ganesh vorfinden, der über einen Elefantenkopf und einen Stoßzahn verfügt und jederzeit für einen guten Spaß zu haben ist. Im Westen ist Religion häufig eher mit Schuld, Sünde, Askese und Pflichten verbunden als mit Lebensfreude. Die protestantische Arbeitsethik war für eine kapitalistische Gesellschaft, die ihren materiellen Wohlstand fördern will, nützlich, aber das Streben nach Reichtum hat der Welt weder Freude noch Harmonie gebracht.

Die meisten paganen Riten enden mit gemeinsamem Trinken von Wein, Bier oder Met, zu dem es entweder Brot oder eigens dafür gebackene Biskuits gibt. Üppige Festmähler sind eher Bestandteil jahreszeitlicher Feiern. Dabei gibt es traditionelle, der jeweiligen Jahreszeit angepaßte Speisen. Feste werden nicht als von feierlichen Handlungen getrennt oder minderwertig angesehen, sondern sind von gleicher Wichtigkeit. Sie sind ein Weg, die von den Göttern gespendete Fülle zu genießen und sie mit anderen zu teilen.

Das Rad des Jahres und das Rad des Lebens

Einerseits sind pagane Feste Danksagungen für den sich ewig erneuernden Zyklus der Natur. Andererseits sind die jahreszeitlichen Mythen auch Spiegel des menschlichen Lebenszyklus von Empfängnis, Geburt, Reifung, Verfall und Tod. Übergangsriten markieren diese Wandlungen.

Weshalb feiern wir die biologischen Gesetze, die unser Leben bestimmen? Vieles im Leben besteht aus einem Kampf gegen die Realität. Wir versuchen den Altersprozeß, Krankheit, Schmerzen und Tod zu verleugnen und zu verdrängen, obwohl dies alles unausweichliches Schicksal ist, wenngleich vielleicht nicht im befürchteten Ausmaß. Altern und Tod empfinden wir oft als unannehmbar, weil wir die Veränderung fürchten. Wir haben Angst davor, unsere Macht, unsere

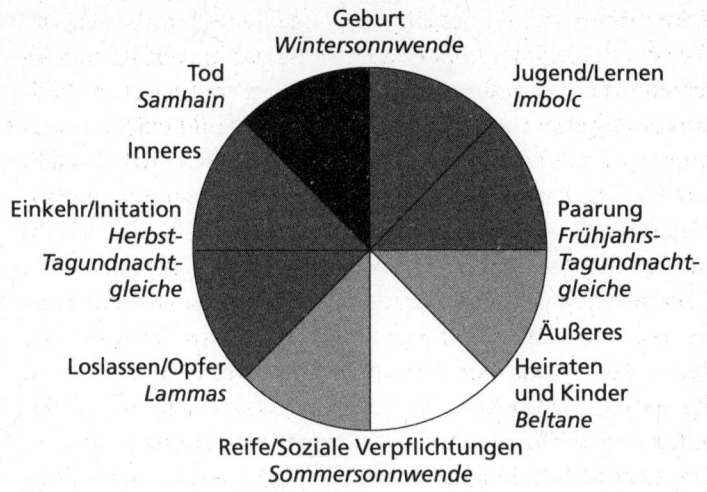

Das ›Rad des Jahres‹ und das ›Rad des Lebens‹.

Fähigkeiten und die Welt, die wir gekannt haben, einzubüßen und ins Unbekannte einzutreten. Eine der Botschaften des Paganismus ist, daß Leben Veränderung bedeutet. Wir können in diesem sich beständig entwickelnden Kosmos nicht stehenbleiben. Die Lösung des Problems liegt darin, Veränderung zu akzeptieren und einen Weg zu finden, uns daran zu erfreuen, statt sie zu fürchten.

Die jahreszeitlichen Feste des Paganismus beinhalten eine sehr wichtige Botschaft – nämlich die, daß das Rad des Jahres sich aus der Dunkelheit ins Licht und dann wieder zurück in die Dunkelheit dreht; vom Pflügen, Säen, Wachstum, Reife, Ernte, Schlaf, Erneuerung wieder zurück zum Pflügen. Unser individuelles Leben und unser Schicksal sind vergänglich, aber die Kraft des Lebens selbst dauert an, manifestiert sich aufs neue und bewegt sich weiter.

Übergangsriten in der Gemeinschaft

Die meisten von uns wollen wesentliche Ereignisse in unserem Leben – Geburt eines Kindes, Hochzeit, Tod – durch gemeinsame Feiern und die Bitte um Segen von den Göttern besonders hervorheben. Paganen vollziehen auch andere Riten, die Stammesgesellschaften vertraut sind, aber in der modernen Welt nicht in diesem Maß praktiziert werden. Manche haben sich Übergangsriten ausgedacht, die auf den Übergang vom Jugend- zum Erwachsenenalter Bezug nehmen. Sie finden im allgemeinen kurz nach der sexuellen Reife statt, und vor allem in amerikanischen paganen Zeitschriften wird nicht selten feierlich die erste Menses der Tochter angekündigt. Dies wird als Teil des Anspruchs auf die natürliche Harmonie mit unseren Körpern und der Ablehnung des Schamgefühls, welches das Christentum in den vergangenen Jahrhunderten allem Körperlichen aufgebürdet hat, angesehen. Auch das Alter, in dem man eher ein Ratgeber als ein Organisator in der Gemeinschaft sein sollte, bedeutet eine wichtige Übergangsphase. Initiation im Sinn einer persönlichen Erfahrung der Öffnung gegenüber dem Göttlichen könnte durchaus gefeiert werden. Initiation kann in mehr als nur einer Phase des Lebens und auf verschiedenen Ebenen stattfinden. Manche paganen Gemeinschaften haben drei oder noch mehr Initiationszeremonien, die die Übergänge durch spirituelle Wandlung kennzeichnen.

Paganen wenden sich nicht unbedingt an erfahrenere Mitglieder der Gemeinschaft, um ihre Übergangsriten zu vollziehen. Viele Eltern arrangieren ihre eigene Zeremonie der Namensgebung für ihre Kinder. Paganen, die heiraten, entschließen sich vielleicht dazu, die Rituale weitgehend selbst durchzuführen. Bei Beerdigungen ist dies eher schwierig, hier wird meist ein erfahrenes Gemeinschaftsmitglied hinzugezogen. In Britannien wurden zwei pagane Organisationen gegründet, die Paganen bei der Gestaltung einer Beerdigung unterstützen können.

Im Paganismus werden Übergangsriten als Feier und zugleich Freudenfest betrachtet. Das mag im Zusammenhang mit Beerdigungen seltsam erscheinen. Der Schwerpunkt bei paganen Begräbnissen liegt auf der Ehrung der Person, die von uns gegangen ist, aber auch darauf, ihr Leben, ihre Leistung und ihren Eintritt in die jenseitige Welt zu feiern.

Den Tod zu feiern könnte der modernen Gesellschaft morbid erscheinen. Wir neigen dazu, den Tod zu verdrängen. Statt im eigenen Heim zu sterben, werden die Menschen in sterile Krankenhäuser gebracht, wo ihr Sterben von Fremden überwacht und nicht mit Ehrfurcht als eines der wichtigsten Übergangsstadien unseres Lebens angesehen wird, in dem unsere Familie und Freunde anwesend sein sollten.

In manchen Religionen löst der Tod Ängste aus, weil die Menschen möglicherweise zu ewiger Pein verdammt sein könnten. Diese Vorstellung findet man im Paganismus nicht. Der Tod ist ein Übergang, der uns Zeit für Ruhe, Reflexion und objektive Erkenntnis unserer selbst verschafft. Der Tod ist zugleich eine erlösende Erfahrung, mit deren Hilfe wir zu der Erkenntnis gelangen, wie wir das, was wir zerstört haben, wiederherstellen können.

Im Paganismus wird der Tod als Freund behandelt, mit dem wir die Last des Lebens und des Alters niederlegen und einem neuen Leben entgegengehen können. Obwohl unsere Körper zerfallen, dauert das Leben an. Wir leben, sterben und werden erneut leben, wenn auch in anderer Form. Es ist ein Glaube der Hoffnung und des Optimismus. Wie dunkel unser Leben auch scheinen mag, wir wissen, daß es eine Erlösung von Schmerz und Angst geben und nach einer Zeit der Ruhe der Weg in ein neues Leben frei werden wird. Dies ist die Botschaft der Macht des Lebens.

Anhang

Wenn die Anschauungen der Paganen bei Ihnen Anklang finden, möchten Sie sicher mehr darüber erfahren.

Dieses Buch kann Ihnen nur einen ersten Eindruck von der Fülle des modernen Paganismus vermitteln. Wenn Sie weitere Einzelheiten wissen wollen, gibt es Bücher, die Ihnen zu einem tieferen Verständnis des Paganismus verhelfen können. Wenn Sie sich über das Lesen hinaus aktiv beteiligen wollen, ist es empfehlenswert, Zeitschriften zu erwerben und Organisationen beizutreten, die mit Ihrem speziellen Interessengebiet befaßt sind.

Andere Paganen kennenzulernen ist nicht immer einfach. In manchen Gebieten gibt es offene religiöse Versammlungen. Sie können darüber in lokalen esoterischen Buchhandlungen und paganen Zeitschriften Näheres erfahren.

Beim näheren Kennenlernen des Paganismus wünsche ich Ihnen viel Freude und Bereicherung!

Nützliche Adressen

Seminare mit Vivianne Crowley im deutschsprachigen Raum werden organisiert von:

Starmaiden Earth Dream Coven
C. Szulc / B. Röth
Zornstr. 11a
67549 Worms

Yggdrasil-Kreis
Kennwort Asatru / Nordische Religion
Postfach 900 414
60444 Frankfurt a.M.

Literaturhinweise

Aswynn, Freya: *Die Blätter von Yggdrasil. Runen, Götter, Magie, Nordische Mythologie und Weibliche Mysterien.* Bad Ischl: Edition Ananael, 1994.

Bly, Robert: *Eisenhans.* München: Kindler, 1991.

Bradley, Marion Zimmer: *Die Nebel von Avalon.* Frankfurt a.M.: Krüger, 1992.

Budapest, Zsuzsanna E.: *Das magische Jahr. Mythen, Mondaspekte, Rituale. Ein immerwährender Frauenkalender.* München: Hugendubel, 1996.

Campbell, Joseph: *Der Heros in tausend Gestalten.* Frankfurt a.M.: Suhrkamp, 1978.

Crowley, Vivianne: *Phoenix aus der Flamme. Heidnische Spiritualität in der westlichen Welt.* Bad Ischl: Edition Ananael, 1995.

Die Edda. München: Diederichs, 1997.

Gimbutas, Marija: *Die Balten. Urgeschichte eines Volkes im Ostseeraum.* Berlin: Ullstein, 1991.

Gimbutas, Marija: *Die Zivilisation der Göttin. Die Welt des Alten Europa.* Frankfurt a. M.: Zweitausendeins, 1996.

Green, Marian: *Das geheime Wissen der Hexen. Dreizehn Monde, um Meisterschaft in natürlicher Magie zu erlangen.* München: Droemer Knaur, 1996.

Harner, Michael: *Der Weg des Schamanen. Ein praktischer Führer zu innerer Heilkraft.* Reinbek b. Hamburg: Rowohlt.

Leland, Charles G.: *Aradia. The Gospels of the Witches.* Saffron Walden, Essex: C. W. Daniel Company, 1974.

Meadows, Kenneth: *Das große Buch des Schamanismus. Der sanfte Weg zu Weisheit, Kraft und innerer Harmonie.* Landsberg: moderne industrie, 1996.

Neidhardt, John G. (Hrsg.): *Black Elk speaks. Being in Life Story of a Holy Man of the Oglala Sioux.* Lincoln (u.a.): University of Nebraska Press, 1979.

Scott, Walter (Hrsg.): *Hermetica. The Ancient Greek und Latin Writings which contain Religious or Philosophic Teaching ascribed to Hermes Trismegistus.* Boston: Shambala, 1985.

Sheldrake, Rupert: *Das Gedächtnis der Natur. Das Geheimnis der Entstehung der Formen in der Natur.* München: Piper, 1996.

Sjöö, Monica / Mor, Barbara: *Wiederkehr der Göttin. Die Religion der großen kosmischen Mutter und ihre Vertreibung durch den Vatergott.* Braunschweig: Labyrinth, 1985.

Starhawk (Simos, Miriam): *Der Hexenkult als Ur-Religion der Großen Göttin.* München: Goldmann, 1997.

Starhawk (Simos, Miriam): *Mit Hexenmacht die Welt verändern.* Freiburg: Baur, 1991.

Starhawk (Simos, Miriam): *Wilde Kräfte.* München: Goldmann, 1993.

Titchenell, Elsa B.: *Die Masken Odins. Die Altnordische Weisheit.* Eberdingen: Theosophischer Verlag, 1995.

Tolkien, J. R. R.: *Der Herr der Ringe.* Stuttgart: Klett Cotta, 1978.

Young, Ella: *Keltische Mythologie.* Stuttgart: Mellinger, 1985.

GOLDMANN

Basiswissen kompakt

Joseph O'Connor/Ian McDermott,
NLP   13980

Angela Hicks,
Chinesische Medizin   13985

David Lawson,
Selbstheilung   13982

Cathy Hopkins,
Aromatherapie   13977

Goldmann • Der Taschenbuch-Verlag

GOLDMANN

Hexen und Weise Frauen

Zsuzsanna E. Budapest,
Mondmagie   13228

Sandra,
Hexenrituale   12193

Sandra,
Ich, die Hexe   12134

Starhawk, Der Hexenkult als Ur-
Religion der Großen Göttin   12170

Goldmann • Der Taschenbuch-Verlag

GOLDMANN

Licht-Arbeit

Barbara Ann Brennan,
Licht-Heilung　　　　　　12222

Barbara Ann Brennan,
Licht-Arbeit　　　　　　12054

Amorah Quan Yin,
Das Plejaden-Arbeitsbuch　13243

Klausbernd Vollmar,
Chakra-Arbeit　　　　　　13763

Goldmann • Der Taschenbuch-Verlag

GOLDMANN

Esoterik bei Goldmann

Bruno Nardini, Das Handbuch der
Mysterien und Geheimlehren   12231

Horst E. Miers,
Lexikon des Geheimwissens   12179

Diane von Weltzien,
Praxisbuch der Rituale   13227

Anneke Huyser, Die Bedeutung der
Elemente in unserem Leben   12279

Goldmann • Der Taschenbuch-Verlag

GOLDMANN

Das Gesamtverzeichnis aller lieferbaren Titel erhalten Sie im Buchhandel oder direkt beim Verlag.

Taschenbuch-Bestseller zu Taschenbuchpreisen
– Monat für Monat interessante und fesselnde Titel –

✶

Literatur deutschsprachiger und internationaler Autoren

✶

Unterhaltung, Thriller, Historische Romane
und Anthologien

✶

Aktuelle Sachbücher, Ratgeber, Handbücher
und Nachschlagewerke

✶

Esoterik, Persönliches Wachstum und
Ganzheitliches Heilen

✶

Krimis, Science-Fiction und Fantasy-Literatur

✶

Klassiker mit Anmerkungen, Autoreneditionen
und Werkausgaben

✶

Kalender, Kriminalhörspielkassetten und
Popbiographien

Die ganze Welt des Taschenbuchs

Goldmann Verlag · Neumarkter Str. 18 · 81673 München

Bitte senden Sie mir das neue kostenlose Gesamtverzeichnis

Name: _____

Straße: _____

PLZ / Ort: _____